该书得到如下基金的资助：
国家自然科学基金青年项目（71302177）
江苏省哲学社会科学重点项目（18GLA003）
江苏高校哲学社会科学研究重点项目（2018SJZDI069）
江苏高校优势学科建设工程资助项目（PAPD）

经济管理学术文库·管理类

创新行为、绩效的前因及边界条件研究

Study on the Antecedents and Boundaries of
Innovative Behavior and Innovation Performance

黄海艳／著

图书在版编目（CIP）数据

创新行为、绩效的前因及边界条件研究/黄海艳著. —北京：经济管理出版社，2019.10
ISBN 978-7-5096-6897-9

Ⅰ.①创… Ⅱ.①黄… Ⅲ.①创新管理—研究 Ⅳ.①F273.1

中国版本图书馆 CIP 数据核字（2019）第 195639 号

组稿编辑：杨国强
责任编辑：杨国强　张瑞军
责任印制：梁植睿
责任校对：赵天宇

出版发行：经济管理出版社
　　　　　（北京市海淀区北蜂窝 8 号中雅大厦 A 座 11 层 100038）
网　　址：www.E-mp.com.cn
电　　话：(010) 51915602
印　　刷：三河市延风印装有限公司
经　　销：新华书店
开　　本：720mm×1000mm/16
印　　张：15.75
字　　数：212 千字
版　　次：2019 年 11 月第 1 版　2019 年 11 月第 1 次印刷
书　　号：ISBN 978-7-5096-6897-9
定　　价：78.00 元

·版权所有　翻印必究·
凡购本社图书，如有印装错误，由本社读者服务部负责调换。
联系地址：北京阜外月坛北小街 2 号
电话：(010) 68022974　　邮编：100836

前　言

创新是一个民族进步的灵魂，是一个国家兴旺发达的不竭动力。创新是人类最珍贵的精神财富，一个国家、一个民族如果没有创新思维，就难以适应时代的发展。提高自主创新能力，建设创新型国家，是我国发展战略的核心，是提高我国综合国力的关键。时代发展呼唤创新。创新已经成为世界主要国家发展战略的重心。在激烈的国际竞争中，唯创新者进，唯创新者强，唯创新者胜。创新发展是中华民族复兴的国运所系。实施创新驱动发展战略，推动以科技创新为核心的全面创新，让创新成为推动发展的第一动力，是适应和引领我国经济发展新常态的现实需要。我国改革开放事业进入攻坚克难的关键时期，更加呼唤改革创新的时代精神。改革创新推动中国走向富强。企业是创新的载体，"如何激发企业创新，提升创新能力和创新绩效"成为当前组织创新管理研究的重要热点之一。本书以社会网络理论、领导理论及社会交换理论为基础，构建相应的理论模型，运用实证研究方法，分析了影响创新行为、创新绩效的因素、作用机制及边界条件。

全书主要包括如下五大部分：

第一部分为第一章绪论和第二章理论基础。该部分主要介绍研究背景、研究思路、研究问题、研究的理论基础及研究方法。

第二部分重点研究创新行为的影响因素，包括个体创新行为和研发团队的创新行为。包括第三章、第四章、第五章，其中第三章和第四章侧重于对个体创新行为的研究，第五章侧重于对团队创新行为的研究。

第三章研究了组织的非正式网络对个体创新行为的影响，以及组织支持感对两者关系的影响。第四章研究了失败学习对个体创新行为的影响，并进一步分析了失败学习的价值创造机制和治理机制。

第五章研究服务型领导风格对团队创新行为的影响机理，探讨了工作满意度在服务型领导风格作用于研发团队创新行为过程中的桥梁作用。

第三部分为第六章，重点研究了新产品绩效的影响因素及边界条件。顾客作为产品的最终使用者，顾客的参与对新产品开发的成功至关重要。本章运用实证方法验证了顾客参与对新产品开发绩效的影响，并分析了企业的动态能力对两者关系的影响。

第四部分重点研究了创新绩效的影响因素。包括第七章、第八章、第九章、第十章。其中，第七章在第三章的基础上，基于社会交换理论，进一步研究了非正式网络、知识共享与创新绩效之间的关系，以及绩效评价导向对非正式网络与知识共享关系的调节作用。

第八章分析了交互记忆系统对创新绩效的影响的机理及边界条件。将交互记忆系统和动态能力整合到一个研究框架下，构建了全新的理论模型，研究交互记忆系统、动态能力与创新绩效的关系，分析变量间的传导机制与影响路径。组织的动态能力在交互记忆系统与创新绩效关系中起到中介作用，而研发人员的心理安全感调节交互记忆系统与创新绩效之间的关系。第九章和第十章研究了人际信任、人格异质性对创新绩效的影响，以及交互记忆系统的中介作用。

第五部分为第十一章。重点研究了营商环境与创新之间的关系。在前文实证分析的基础上，从宏观层面提出在新时代需要构建良好的营商环境对创新的重要性。分析我国当前营商环境存在的问题，以及新时代背景下，对优化营商环境的迫切性，提出从提升政府治理能力、加强产权保护和监管机制创新、强化信用建设和规范有序、加大制度创新供给、加快建立经济新体制、构建中国特色评价体系五方面着力，打造良好的营商环境，推动经济高质量发展，促进我国创新创业战略的实施。

本书对相关理论与文献进行了梳理，对一系列研究假设进行了实证检验,在此基础上,提出了具体的组织管理建议,具有较强的理论与实践价值。本书适合高校经济管理类本科生和研究生阅读,也适合对创新行为、创新绩效等研究主题感兴趣的读者阅读。

在此向为本书写作提供过帮助的所有朋友致以诚挚的谢意。

由于作者水平有限且时间仓促,书中难免有很多不足,恳请各位读者批评指正。希望本书能够激发关注创新话题的读者的研究兴趣。

目 录

第一章 绪 论 ………………………………………………… 001
 第一节 研究背景 ………………………………………… 001
 第二节 主要研究内容 …………………………………… 003
 第三节 研究方法 ………………………………………… 008

第二章 理论基础 ……………………………………………… 011
 第一节 创新的相关理论及其研究 ……………………… 011
 第二节 社会网络理论及其相关研究 …………………… 017

第三章 非正式网络对个体创新行为的影响：组织支持感的调节作用 ……………………………………………… 023
 第一节 问题的提出 ……………………………………… 023
 第二节 文献回顾与研究假设 …………………………… 024
 第三节 研究设计 ………………………………………… 030
 第四节 分析结果 ………………………………………… 032
 第五节 研究结论与讨论 ………………………………… 035

第四章　失败学习对个体创新行为的影响及治理机制 ………… 039

　　第一节　失败学习对个体创新行为的影响 ……………………… 039
　　第二节　失败学习的价值创造与治理机制 ……………………… 055

第五章　服务型领导风格、工作满意度对研发团队创新行为的影响 …………………………………………………………………… 075

第六章　顾客参与对新产品开发绩效的影响：动态能力的中介机制 ……………………………………………………………… 089

　　第一节　引言 ……………………………………………………… 089
　　第二节　文献综述与研究假设 …………………………………… 091
　　第三节　实证研究 ………………………………………………… 099
　　第四节　分析结果 ………………………………………………… 102
　　第五节　研究结论与讨论 ………………………………………… 108

第七章　非正式网络对创新绩效的影响：绩效评价导向的调节作用 ……………………………………………………………… 113

　　第一节　问题的提出 ……………………………………………… 113
　　第二节　文献回顾与研究假设 …………………………………… 115
　　第三节　研究方法 ………………………………………………… 121
　　第四节　研究结果与分析 ………………………………………… 123
　　第五节　讨论与启示 ……………………………………………… 127

第八章 交互记忆系统对创新绩效的影响 ………………… 131

第一节 交互记忆系统、动态能力对创新绩效的影响 ………… 131
第二节 交互记忆系统与研发团队的创新绩效：心理安全的调节作用 ……………………………………………………… 144

第九章 研发团队的人际信任对创新绩效的影响及作用机制 ……………………………………………………… 159

第一节 问题的提出 ……………………………………………… 159
第二节 理论基础和研究假设 …………………………………… 160
第三节 研究方法 ………………………………………………… 167
第四节 研究结果 ………………………………………………… 169
第五节 结论与讨论 ……………………………………………… 172

第十章 研发团队成员人格异质性与创新绩效：以交互记忆系统为中介变量 ………………………………………… 175

第一节 问题的提出 ……………………………………………… 176
第二节 理论基础和研究假设 …………………………………… 176
第三节 研究方法 ………………………………………………… 180
第四节 研究结果 ………………………………………………… 183
第五节 结论与讨论 ……………………………………………… 186

第十一章 优化营商环境 促进创新发展 …………………… 189

第一节 新时代优化营商环境的价值意蕴 ……………………… 190

第二节 我国营商环境的现实困境 …………………………… 193
第三节 新时代背景下优化营商环境的路径 …………………… 197

参考文献 ……………………………………………………………… 207

第一章 绪 论

第一节 研究背景

一、创新：时代的需要

创新战略是国家层面的战略。党的十八大报告中明确提出：科技创新是提高社会生产力和综合国力的战略支撑，必须摆在国家发展全局的核心位置，把全社会智慧和力量凝聚到创新发展上来。强调要坚持走中国特色自主创新道路、实施创新驱动发展战略，即将创新上升到国家战略的高度。党的十八大报告提出的实施创新驱动战略充分体现了加强对创新能力和创新行为研究的时代紧迫性。党的十九大报告中进一步指出加快建设创新型国家。创新是引领发展的第一动力，是建设现代化经济体系的战略支撑。强化基础研究，实现前瞻性基础研究、引领性原创成果重大突破。加强应用基础研究，拓展实施国家重大科技项目，突出关键共性技术、前沿引领技术、现代工程技术、颠覆性技术创新，为建设科技强国、质量强国、航天强国、网络强国、交通强国、数字中国、智慧社会提供有力支撑。加强国家创新体系建设，强化战略科技力量。深化科技体制改革，建立以企业为主体、市场为导向、产学研深度融合的技术创新体系,加强对中小企业创新的支持,促进科技成果转化。倡导创新文化,强化知识产权创造、保护、运用。培养造就一大批具有国际水平的战略科技人才、科技领军人才、青年科技人才和高水平创新团队。2019年"两会"政府报告中指出,进一步把大众创业、万众创新引向深入新创业,拓展经济社会发展空间。强调坚持创新引领发展,培育壮大新动能。深入实施创新驱动发展战略,创新能力和效率进一步提升。大力优化创新生态,调动各类创新主体积极性。深化科技管理体制改革,推进关键核心技术攻关,加强重大科技基础设施、科技创新中心等建设。中共中央、国务院出台了《关于深化科技体制改革加快国家创新体系建设的意见》,《意见》提出,到2020年,基本建成适应社会主义市场经济体制、符合科技发展规律的中国特色创新体系;进入创新型国家行列(马玉波,2015)。

二、创新:现实环境的迫切需求

2017年以来,中美产生了贸易摩擦。美国一方面要封杀中兴等科技类公司,严格、全面禁止高新技术领域的对华出口,另一方面对中国提出了极为苛刻的征税方案,其核心目标就是遏制中国的高科技产业的发展与崛起,阻止"中国制造2025"规划的实施,试图对中国重点发展的十大高新技术产业进行全面封杀。美国一直认为,中国潜在的科技创新能力和高科技产业的快速发展势头已经威胁到了美国的经济安全和军事安全,一旦中国在高科技产业上超过美国,就会动摇美国的世界霸主地位及其所主宰的国际政治经济关系格局,于是从贸易、金融、外交、军事等各个领域寻衅滋事(代栓平等,2018)。在此环境下,我国需要把贸易摩擦当作契机,更好地审视过去和未来,坚定创新发展的信心,加快创新型国家的建设,把握世界新一轮科技革命及变革大势,深入实施创新驱动发展战略,增强经济创新力和竞争力,实现中国创新"加速度"(刘翔峰,2018)。

目前，我国拥有看似风光的科技数量，但却没有使我国相对较弱的自主创新能力变强，在全球产业格局中，仍然不能改变"世界工厂"的尴尬境地。目前我国的许多创新集群还停留在简单的区域中。我国民营企业面临的创新问题，主要包括民营企业自身和外部环境两个方面。在民营企业自身方面，创新活动需要大量的资金支持，仅靠企业自身的资金难以维持，但民营企业的外部融资成本一般高于内部融资成本，在实际经营活动中更多依赖自身内部现金流，从而不得不放弃一部分创新活动。在外部环境方面，我国正处于供给侧改革的大背景下，民营企业的融资约束不断增加。国有企业创新面临的核心问题是创新动力不足，科技投入不足、高科技人才缺失严重、消化吸收能力薄弱（赵秀丽，2013）。

波特（Porter，2001）指出，未来企业必须具备"全球级创新"的能力。如果企业不进行创新，将无法跟上科技进步的速度满足顾客的需求，进而丧失竞争优势（Schilling，2002）。创新已取代了比较优势成为世界经济竞争的基础，企业不再依赖于对稀缺资源的占有，而是通过新技术、新产品的研发获取竞争优势（王燕夷和彭灿，2012；张光磊等，2012）。人力资源是创新的最根本载体，是组织成功创新的决定性因素。人力资源管理涉及创新的整个过程，在很大程度上决定了员工的能力、思维和态度，是激发和维持员工创造力，最终促进组织创新的关键要素。因此，在经济转型和社会发展进入新阶段，国家大力提倡自主创新的背景下，"如何激发创新行为""如何提升组织的创新绩效"已成为当前管理实践和理论研究的热点问题。

第二节　主要研究内容

如何激发员工、团队的创新行为以及提升创新绩效是组织以及人力资源管理研究领域的热点之一，也是当前国家发展战略的重要内容。本书以社会网络理论、领导理论及社会交换理论为基础，构建了相应的理论模型，运用实证研究的方法，分析了非正式网络、交互记忆系统、领导风格、工作压力、人际信任等因素对创新行为、创新绩效的影响、作用机制和边界条件。本书对相关理论与文献进行了梳理，对一系列研究假设进行了实证检验，在此基础上，提出了具体的组织管理建议。

一、非正式网络对个体创新行为的影响：组织支持感的调节作用

正式组织结构中的非正式网络对个体的创新行为具有重要的影响，但其积极作用没有得到组织的足够重视。非正式网络对个体创新行为积极作用的发挥需要正式组织的认可与支持。从组织支持感的视角构建了"非正式网络—组织支持感—个体创新行为"的理论模型，研究了非正式网络、组织支持感与个体创新行为之间的关系。通过331个有效样本的实证分析发现：组织中的非正式网络对个体创新行为有显著的正向影响；组织支持感正向调节非正式网络与创新行为之间的关系。研究结论有助于组织正确认识和发挥组织中的非正式网络的积极作用，提高企业的自主创新能力与创新绩效。

二、失败学习对个体创新行为的影响、价值创造机制与治理机制

与成功经验相比，失败经验更具有学习价值，但其价值并没有得到足够的重视。基于社会交换理论和经验学习理论，将心理弹性和组织创新支持感引入失败学习与创新行为的关系分析框架中，构建了"失败学习—心理弹性/组织创新支持感—创新行为"的理论模型。通过对9家高新技术企业中的903名研发人员进行结构性调查，检验了理论模型及相应的研究假设。结果表明：①研发人员的失败学习对其创新行为有显著

正向影响；②心理弹性和组织创新支持感分别正向调节研发人员的失败学习与其创新行为之间的关系；③心理弹性和组织创新支持感同时加入调节模型后，三重交互效应显著。

与成功经验相比，失败经验更具有价值。失败学习进行价值创造有四种机制：反思自身的失败，可积累独特的隐性知识，扩展和丰富价值创造的机会；学习他人的失败，以低廉成本获得新知识，降低企业创新的成本；及时的失败学习有利于改善或提高企业声誉而创造价值；失败学习更能培养具备"警觉搜索"能力的企业家而实现价值创造。失败学习价值的实现依赖于有效的失败学习治理机制：关系治理与知识治理及组织沉默治理。

三、服务型领导风格对研发团队创新行为的影响

服务型领导理论是组织管理领域新提出的一个理论。服务型领导风格对团队成员行为和态度影响的实证研究很少。本书以长三角地区的 17 家企业中的 221 个研发团队为样本，运用实证方法研究了服务型领导风格、工作满意度与研发团队创新行为之间的关系，以及工作满意度在服务型领导风格与创新行为关系中的中介作用。研究发现：服务型领导风格与工作满意度呈正相关；工作满意度与创新行为呈正相关；服务型领导风格与创新行为呈正相关。工作满意度在服务型领导风格与研发团队创新行为之间起到完全中介作用。

四、顾客参与对新产品开发绩效的影响：动态能力的调节作用

企业不断研发出符合顾客需求的新产品是其保持竞争优势的关键。顾客参与对新产品开发起到积极作用已得到证实，但顾客参与对新产品开发绩效的影响机制与路径的相关研究较少。本书基于动态能力视角，构建了"顾客参与—动态能力—新产品开发绩效全新"的理论模型，采用多元回归方法对 233 份有效问卷进行了实证分析。研究表明：顾客参

与对动态能力、新产品开发绩效均有显著的积极影响；动态能力各维度对新产品开发绩效具有积极的促进作用，其中，组织变革能力、战略隔绝机制在顾客参与和新产品开发绩效之间起完全中介作用，环境适应能力在顾客参与和新产品开发的创新绩效之间起完全中介作用。

五、非正式网络对创新绩效的影响机制

非正式网络促进知识共享以及提高创新绩效的积极作用需要正式组织的认可与支持。本书基于社会交换理论，研究了非正式网络、知识共享与创新绩效之间的关系，以及绩效评价导向对非正式网络与知识共享关系的调节作用。通过对191个研发团队的实证研究发现：组织中的非正式网络与知识共享、创新绩效正相关；知识共享在非正式网络与创新绩效关系中起中介作用；绩效评价导向正向调节非正式网络与知识共享的关系。研究结论有助于组织正确认识和发挥组织中的非正式网络的积极作用，对促进员工知识共享意愿，提升企业创新能力具有重要的理论与实践指导意义。

六、交互记忆系统对创新绩效的影响

（一）互记忆系统对创新绩效的影响：动态能力的中介作用

国内外学术界均强调交互记忆系统和动态能力对企业创新绩效有积极作用，研究也证实了交互记忆系统是企业获得动态能力的源泉，但三者的关系缺乏相应的研究。本书将交互记忆系统和动态能力整合到一个研究框架下，构建了全新的理论模型，研究交互记忆系统、动态能力与创新绩效的关系，以了解变量间的传导机制与影响路径，并运用多元回归方法对长三角地区229份有效问卷进行了实证分析。研究结果表明：动态能力在交互记忆系统的专长性和创新财务绩效的关系中有部分中介作用，在专长性和创新成长绩效关系中有完全中介作用，在交互记忆系统的协调性与创新绩效的关系中有完全中介作用。

（二）交互记忆系统对创新绩效的影响：心理安全的调节作用

以往对交互记忆系统（TMS）与绩效的关系的研究大多隐含性地假设团队交互记忆系统一旦形成就会发挥其积极效用，忽视了作为交互记忆系统载体"人"的心理感受等因素的影响。本书以 61 个研发团队为样本，运用多元分层回归方法，验证了交互记忆系统对研发团队创新绩效的影响以及心理安全的调节效应。研究结果表明：交互记忆系统会正向影响研发团队的创新绩效；团队的心理安全在交互记忆系统与研发团队的创新绩效之间发挥了显著的调节作用。说明企业需采取必要措施来提升员工的心理安全感，从而促进交互记忆系统对组织创新绩效的积极作用。

七、人际信任对创新绩效的影响：交互记忆系统的中介作用

本书以 2 家科研机构中的 35 个研发团队，共 496 人为样本，交互记忆系统作为中介变量，运用多元回归分析了研发团队的人际信任与创新绩效的关系。结果显示：研发团队的人际信任与交互记忆系统、创新绩效呈正相关；交互记忆系统在研发团队的人际信任与创新绩效之间有完全中介作用，同时交互记忆系统对人际信任的 3 个维度与创新绩效之间也存在完全中介作用。

八、人格异质性与创新绩效：交互记忆系统的中介变量

本书以 2 家科研机构中的 35 个研发团队，共 496 人为样本，运用"大五"人格量表测量研发团队成员的人格类型，并计算了团队人格异质性的 H 指标值。交互记忆系统作为中介变量，运用多元回归分析了研发团队成员人格异质性与团队创新绩效的关系。结果显示：研发团队的人格异质性与交互记忆系统强度、创新绩效呈正相关；交互记忆系统在研发团队的人格异质性与创新绩效之间起到部分中介作用。

九、优化营商环境：促进创新发展

良好的营商环境对于提升国际竞争力，增强投资吸引力，提高政府治理能力，提升公众和企业满意度及获得感都具有重要意义。然而，当前营商环境还存在诸如营商便利程度国际排名较低、企业开办成本较高、企业国民待遇差异较大、社会信用体系建设滞后、政商关系亲而不清等问题，因此，新时代背景下，优化营商环境可以从提升政府治理能力、加强产权保护和监管机制创新、强化信用建设和规范有序、加大制度创新供给、加快建立经济新体制、构建中国特色评价体系五方面着力，打造具有透明化、法治化、市场化、制度化、国际化和特色化的营商环境，以竞争促活力，以公平保稳定，推动经济高质量发展，促进我国创新创业战略的实施。

第三节　研究方法

依据本书的目标，具体研究思路如下：①提出问题，在梳理相关文献的基础上，提出拟研究的问题。②理论分析与建模，提出本书的研究假设，构建理论模型。③检验研究假设，通过一手数据，运用科学的研究方法对本书所提出的研究假设进行验证。④在实证研究的基础上，基于研究所得结论，提出具体的对策建议。

一、文献检索与梳理

运用学校图书馆的电子文献数据库资源对相关研究文献进行检索，主要包括中国知网、万方、维普、国务院发展研究中心信息网等国内的文献数据库，Springer、Pro Quest ABI-inform、Web of Science、EBSCO、

Elsevier Science Direct 等国际文献数据库，重点检索社会网络理论、社会交换理论、创新理论、心理安全、心理弹性和情境理论等领域的相关研究文献。在对相关经典文献进行研读的基础上，梳理了各个研究领域的历史沿革、最新研究结果、当前研究局限等，对文献的分析梳理为后文的理论研究奠定了基础，也为本书提供了理论支持。

二、深度访谈

确定企业访谈方案。首先，选择符合本书设计的走访企业，确定访谈对象和访谈内容等。其次，对企业访谈结果进行分析，界定出有价值的研究问题，并结合对已有文献的理论分析，初步确定本项目的研究问题。最后，初步确定研究问题后，邀请1名专家参与研讨，汇总已收集、整理的文献资料和访谈资料，就理论基础和实践基础两个视角对研究问题的科学性、必要性、重要性进行讨论，并探讨解决问题的思路和方向，初步确定本项目的研究框架。

三、理论推演

基于对现有相关文献的梳理评述，结合企业访谈法的结论，对变量之间的关系进行理论推演，构建变量之间关系的理论分析模型，并提出与之对应的研究假设。

四、问卷调查

在参考相关经典量表问卷的基础上，结合本书目的与研究对象的具体情况，对调查问卷进行设计，并综合考虑了专家、企业家的有益建议和小样本问卷调查的分析结果，对调查问卷进行修改与完善。然后，通过大规模的问卷调查获取本书的数据样本，为后续统计分析做准备。

五、统计分析

基于问卷调查获得的样本数据，通过 Excel、SPSS18.0、AMOS 统计软件，综合运用描述性分析、相关性分析、因子分析、回归分析等统计方法，对样本数据进行系统的实证分析，并对研究假设进行检验。

第二章
理论基础

第一节 创新的相关理论及其研究

一、创新的内涵及特征

1912年,美籍奥地利经济学家熊彼特最早在其著作《经济发展理论》中提出并定义了"创新"的概念,他认为创新是一种毁灭性的创造,企业创新是把一种未曾出现过的生产要素和生产条件以及他们新的组合形式引入生产体系,通过市场手段取得超额利润的生产过程。熊彼特的创新理论认为,企业家在企业创新过程中具有决定性的作用。熊彼特认为正是由于企业家的创新和冒险精神,推动了企业在生产经营过程中不断引进和采用新技术、新生产方法以及经营管理体制的改进等,而企业的这些行为正是科技创新与经济发展的重要媒介,与此同时,这一过程也是企业不断创新的过程。企业家精神对企业以及社会创新的发展具有重要的促进和推动作用(王传兵,2014)。

企业创新的内涵和外延不断拓展,既包括传统的技术创新、制度创新和市场创新,也包括更深层次的管理创新、战略创新和商业模式创新。熊彼特之后的创新理论发展主要在两个方向:一个方向是以曼斯菲尔德、施瓦茨等为代表的技术创新学派,他们从技术创新与模仿、推广和转移的关系视角深入研究了技术创新活动,形成了一批有代表性的创新管理理论,专注于企业组织行为、市场结构等与创新的关系研究;另一个方向是以诺斯为代表的制度创新学派,他们将制度与创新结合,对制度因素与技术创新和经济效益之间的关系进行了深入研究,认为制度环境和制度安排对经济创新发展具有重要意义(贾杭胜,2016)。

新古典学派的创新理论研究主要围绕"市场失灵"这一经济现象展开,认为创新也是影响经济增长的一种重要生产要素。该理论认为,技术创新和其他生产要素,如资本和劳动力等,在影响经济的发展过程中发挥了同等重要的作用。技术创新作为一种变量可以被纳入经济增长模型中,是可以被测度的,并对经济的增长具有较大的推进作用。在研究技术创新对经济的增长作用的过程中,新古典学派对于政府在技术创新过程中的作用也进行了深入研究,认为政府的干预不但能够促进技术创新,也可以带动经济增长。新古典学派的创新理论不仅在经济增长模型中添加了技术创新的变量,找出了技术创新对经济增长发挥的重要作用,而且提出了政府在技术创新中的作用(吕晓军,2015)。

二、双元创新

Duncan(1976)首次提出"双元式"的概念。March(1999)从组织学习视角对"双元式"做了进一步的具体界定,并提出探索式学习和利用性学习。Benner 和 Tushman(2003)将"双元式"应用于创新领域,并按照创新程度和知识基础不同,提出了探索式创新和利用式创新的概念。探索性创新的主要特点是搜索、创造、变异和冒险,这种创新能为组织带来新产品、新流程和新生产方式等(Levinthal,1991;Levy & Williams,1996),具有高风险、高收益的特点,但如果组织将有限的资源过多用于探索性创新,极易陷入"创新陷阱",形成"探索—失败—无回报变革"的恶性循环(Gupta A K,Smith K G & Shalley C E.,2006;张玉利、李乾文，2009）。利用性创新的特点是复制、推广和提炼，这种创新有助于保证组织的稳定性并提高运行效率，具有低风险、低收益的特点，但过多的利用性创新容易使组织陷入"路径依赖"的窘境。

三、创新行为

（一）创新行为的概念

现有文献中关于创新行为的研究主要从结果视角和过程视角展开：①结果视角认为，创新行为是员工实际工作中所产生的创新性想法；②过程视角，将创新行为定义为员工识别问题、产生创新想法、推动创意直至实现的过程，包含提出、推进和实施三个阶段（赵书松等，2019）。

关于个体创新行为的定义，大多数学者从创新的过程来进行界定。早期学者们从思想产生、支持寻求和付诸实践三个过程对个体创新行为进行定义（Kanter，1988；Scott & Bruce，1994；Janssen，2000）。Kleysen 和 Street（2001）将个体创新行为归纳为寻求机会、产生想法、形成调查、提供支持及展开应用五个阶段。Tsai 和 Kao（2004）将创新行为定义为员工灵感的产生与建立，新产品、新技术与新制造工艺的实施，创新灵感的执行，以及形成产品或者服务的一系列行为过程。国内学者卢小君、张国梁（2007）根据中国情况将个体创新行为归纳为产生创新构想及执行创新构想两个阶段。Moultrie 和 Young（2009）认为，创新行为应该符合当前的情况，他们指出创新是指产生新奇的想法并应用于确切的机会。张旭等（2014）根据 Scott 和 Bruce 的三阶段定义，将员工创新行为定义为员工在组织发展中产生的创新性构想在创新支持的作用下形成有用的产品或服务的过程。后来还有学者根据企业应用新知识和新能力的程度，将创新行为分为探索式创新和利用式创新。相比之下，探索式创新行为的创新程度较大，可以看作是一种变革式的创新行为，通常是指企业通过新知识、新技术和新能力开发出新产品、新服务和新市场。利用式创新行为的创新程度较小，通常只是在已有的知识或技术基础上对现状进行改进的一种循序渐进的创新行为。一方面是指对现有技术、产品（服务）的完善；另一方面是指提高现有技术（能力）在其他相关领域的适用性。

（二）创新行为的测量方法

研究者们根据创新的概念，分别开发出不同维度的测量量表。目前使用最广泛的个体创新行为量表是 Scott 和 Bruce（1994）针对研发部门员工设计的单维度量表。虽然 Scott 和 Bruce 将创新行为的过程分为新构想的产生、寻求支持和创新实施三个阶段，但在对其进行测量的时候却是将其作为一个维度进行的。Krause（2004）将创新行为分为产生构想和执行构想两个方面，在探讨领导、情境知觉与创新行为的关系时，开发了8个条目的量表用于对不同组织的管理层进行测量。卢小君（2007）运用 Kleysen 的量表进行实地测量发现，量表的构念效度不太理想，因此将个体创新行为分为"创新构想产生"和"创新构想执行"两个阶段。

（三）创新行为的影响因素

已有文献对于员工创新行为前因变量的研究可归为两大类：个体因素和组织环境因素。员工个体行为影响因素包括人格特质和心理状态。姚艳红和韩树强（2013）利用"大五"人格作为人格特质的测量表，探讨了"大五"人格特质与创新行为之间的关系，发现除了神经质对创新行为有负向影响外，其余特质均能正向预测创新行为。王蕊和叶龙（2014）分析了科技人才人格特质与创新行为的关系，发现科技人才人格特质中的学习性、自控性与支配性均能正向预测其创新行为。心理状态方面，Amabile（1997）研究发现，内部创新动机和信息性的外部动机有利于个体的创造性发挥，并且个体内部动机的初始水平越高，信息性外部动机的激励作用越显著。也有学者认为，创新动机与创新绩效之间存在一种倒"U"型关系。

团队创新行为或组织环境影响因素方面主要有领导风格、组织结构、工作特征及组织氛围。有研究指出，指导型、问题解决型和交互型领导可有效促进员工创新，领导者积极、建设性的方式进行信息反馈能激发员工的创造性，而领导者监督、控制或干涉行为则会大大降低员工的创造性。在组织结构方面，Bum和Stalker（1961）认为，在技术迅速变化的不确定环境下，采用该种组织结构将更有利于创新。Kanter（1983）也持相似观点，认为弹性的组织结构能够增强员工的自主性，从而更有利于激发员工的创新性。在工作特征方面，学者们认为具有丰富化、挑战性、复杂性、自主性等特性的工作，由于需要更多更复杂的智力活动，使人体验到工作意义和成就感，因而更有利于创新（Amabile，1997；Tierney & Farmer，2004）。组织文化氛围通常被认为是影响员工行为的重要的外部环境。Amabile（1997）的组织创造力与创新成分理论指出，管理者与组织对创新的认可与奖励、自主权、团队支持、资源支持、工作挑战性及适当压力6个因素有利于员工创造性的发挥（李凤莲，2016）。

四、创新绩效

（一）创新绩效的内涵

创新绩效是对企业创新结果的综合反映。学者从不同角度思考创新绩效的概念。从狭义角度，创新绩效指公司实际将发明投入市场的程度，即新产品、新过程系统或者新装备引进率（Freeman & Soete，1997），是公司投入市场中的创新产品的数量（Gunawan et al.，2016）。广义而言，创新绩效包含专利内容（专利的数量和专利引用率）、R&D输入、新产品发布三个绩效测量指标，描述了从创意的概念到将一个发明投入市场的成就（Ernst，2001）。

国外的创新绩效研究大致可分为个体和组织两个层次（魏峰、袁欣和邸杨，2009）：个体层次的创新绩效指个体产生的原创的、新颖的、对组织有潜在价值的产品、思想或程序；组织层次的创新绩效是指这些原创思想在组织层面的成功贯彻实施（吕兴群，2016）。还有一种角度认为，创新绩效包括产品创新和过程创新两种结果（Meeus & Oerlemans，

2000；Wang & Ahmed，2004；Ari et al.，2005；Alegre & Chiva，2013）。例如，Ari 等（2005）认为，创新绩效指企业通过产品创新或过程创新活动而产生的绩效提升。Meeus 和 Oerlemans（2000）指出，企业的创新绩效是为组织的经济绩效做出贡献的产品和过程创新，至少意味着企业能够真正地实现发明的市场化，比如新产品、新过程/系统和新工具的引进。此外，创新绩效还可以根据创新程度来定义和划分。例如，Rochford 和 Rudelius（1997）认为，创新绩效按照产品的创新程度分为全新产品和改良产品两种类型，而通过全新产品和技术方面产生的创新绩效又被称为激进式创新绩效。

（二）创新绩效的测量方法

企业创新进行测量手段大致可以分为三大类：按照数据的来源方式，可以分为主观测量法（Atuahene-Lina & Li，2004）和客观测量法（Liu & Buck，2007）；按照测量指标的选取，可以分为财务指标（Chen et al.，2014）和非财务指标（Khalili et al.，2013）；按照测量的内容，可以分为专利测量法（Jiang et al.，2011）和新产品收益测量法（Atuahene-Lina & Li，2006）。

（三）创新绩效的影响因素

影响员工创新绩效的因素主要包括组织因素和个体因素（Scott & Bruce，1994）。组织因素包括企业资源、创新氛围、组织支持及组织相关制度等。例如，Madjar 等（2002）研究发现，员工受到来自企业的工作上或非工作上支持的程度与其创新绩效呈正相关。个体因素包括员工的动机、情绪、知识水平及智力、性格、态度等。有研究发现，个体由内在的创新动机所激发的创新行为会持续很长时间，对持续性的创新绩效产生显著的积极影响（于海云等，2015）。员工的情绪对创新绩效的提高会产生较大的影响，即消极情绪所带来的焦虑、抑郁或者较弱的自身控制力会抑制员工创新过程中的积极表现，从而降低他们的创新绩效（赵晓霞、刘咨，2012）。Zenasni 和 Lubart（2008）指出，个体的情绪状态与员工创新绩效呈正相关。

第二节 社会网络理论及其相关研究

一、社会网络理论

社会网络是一个社会学概念，是指一组行动者及连接他们各种关系的集合（Kilduff & Tsai，2003）。社会网络学说的基本假设是经济体中的单位体相互依存，处于彼此关联的网络中（李培馨等，2013）。不同学者从不同角度对社会网络进行了界定，具体如表2-1所示。

表2-1 社会网络定义的汇总

社会网络的定义	相关学者
社会网络是一种行动者可从特定社会结构取得的资源，并且可以用所取得的资源追求自己的利益；社会网络是产生于行动者之间关系的变化	Baker，1990
通过亲人、朋友、同事及熟人关系，获得使用他们所具有的财务资本及人力资本的机会	Burt，1992
社会网络是社会组织的特征，例如网络、规范及社会信任，是可促进彼此利益的协调与合作	Putnam，1995
社会网络代表了行动者通过在社会关系网络或者其他社会结构中的成员身份来确保收益的能力	Portes，1998
由于社会关系和特殊类型的关系而联结起来的节点或者行为主体（个人和机构）构成的网络	Granovetter，2000
一群行动者和他们之间的关系连带	John Scott，1999
行动者间社会关系的结构与内容，以及给予行动者的信息、影响力及凝聚力	Adler & Kwon，2000
指一组行动者及连接他们的各种关系的集合	Kilduff & Tsai，2003
社会网络可以被看作是通过交换与转移而获得技艺、信息、知识、技术的手段	Ghoshal & Nahapiet，1998
行为主体之间的各种关系总和，这种联系可以通过传递和交换使企业获得资源、信息、知识等，从而为企业提供帮助	张秀娥等，2012

资料来源：笔者根据相关文献整理得到。

(一) 弱关系优势理论

格兰诺维特（M.Granovetter）于1973年提出"弱关系的优势"（The Strength of Weak Ties）这一经典社会网络理论。Granovetter（1973）在《弱关系的力量》中首次提出了社会关系是指人与人、组织与组织之间因为存在交流和接触所实际存在的一种连带关系的重要观点，提出了"关系力量"的概念，将关系分为强关系和弱关系，进而指出这两种关系在个体与个体、组织（群体）与组织（群体）、个体和组织（群体）之间有着不同的作用机理。

弱关系主要是在个体与个体、个体与群体之间发挥着联结联系的功能，而强关系是在个体与个体、个体与群体内部之间发挥维系联系的功能。

关系强弱可以用四个维度进行衡量：互动频率、感情力量、亲密程度、互惠交换。这四个维度直接影响了关系的强弱程度。格兰诺维特在此基础上提出了"关系充当信息桥"的重要观点。弱关系连带的信息"桥"能够提供超越个体自身社会网络圈所具有的信息和资源（Granovetter，1985）。

林南（Lin，1990）在 Granovetter（1973）的基础上，强调了网络主体资源（权力、财富、威信和声望等）可以通过把不同个体特征的网络成员联结起来的弱关系来获取。Granovetter（1973）和 Lin（1982，1990）的研究均认为，强关系连带在促进个体获得蕴含在网络中所有资源的过程中的有效性不如弱关系。因为强关系一般无法将不同的个体特征（背景、阶层、等级差异）的网络成员联结起来，从而不利于获得网络资源。

Granovetter 对社会网络理论另一个重要贡献是将"嵌入性"（Embeddability）概念引入社会网络研究中。Granovetter（1985）认为，人类的经济活动是一种社会现象，经济活动能够嵌入在以社会网络为核心的社会结构中，而"信任"则是经济活动嵌入的社会结构的关键机制。Peng 和 Luo（2000）把经济活动放到了更为宽泛的社会和人际关系的背景下，认为经济行为实际上是嵌入在社会网络中或非正规的社会关系之中。"嵌入性"概念的提出,解释了为什么经济活动或交易常常发生于熟人之间,而不是发生于陌生人群之间。"嵌入性"与弱关系强调社会网络成员之间的信息分享不同,它强调的是社会网络成员之间的信任。而信任的获得和维系需要网络成员在交往过程中,时间、次数、频率、共识的积累。因此,"嵌入性"概念实际上暗示了网络成员之间关系强度的重要性。

(二)强关系理论

边燕杰(Bian,1997)在对 Granovetter(1973,1985)的弱关系理论进行批判性分析的基础上,提出了强关系理论。Bian(1997)认为,社会网络中强关系连带可能不会像弱关系一样在网络中充当信息"桥"功能,但强关系连带在社会网络中充当信息"桥"的角色用来获取影响力是必然的,而弱关系连带缺乏相互间信任、义务、互惠等强关系特征,因此,弱关系社会网络中将不能像强关系一样充当"桥"。

部分学者与 Bian(1997)持相同观点,如 Burt 和 Knez(1995)通过实证发现,在社会网络关系中,对于强连带的第三方,强连带与网络节点呈现出与第三方的信任度显著正相关关系;但对于弱连带的第三方,弱连带与网络节点呈现出与第三方的信任度显著负相关关系。Jackall 和 Robert(1988)发现,企业经理之间通过非正式性交往易形成"稳定的关系圈",这种"关系圈"能够为经理们管理企业提供网络支持。因为,企业各级经理们之间形成的强连带关系,使得忠诚、信任、互惠等关系在网络成员之间流动,从而有助于经理们更好地经营管理企业,保持较高的企业成长性。克拉克哈特(Krackhardt,1992)运用类似的实证研究,证明了企业管理者之间的稳定的朋友网络对于企业组织运行有显著影响。边燕杰、张文宏(2001)基于我国社会背景,进一步对强弱关系在求职者求职过程中的作用进行了探讨,他们发现,在求职过程中的关键环节中,关系连带的强弱对求职表现出的差异性影响非常明显。原本没有联系的个人社会网络会因为强连带而联结起来,从而为求职者提供更多资源。

(三)社会资本理论

社会资本的概念最早是由法国社会学家布迪厄(P. Bourdieu)提出的,布迪厄将社会资本界定为通过对"制度化关系网络"的占有,从而获得网络中实际或潜在的资源的集合(Bouruieu,1956)。制度化关系网络与具有某组织的成员资格相联系,只有具有了该网络组织的进入资格,才具备从此制度化关系网络中获取相应资源的机会(Bourdieu & Wacquant,1992)。布迪厄(1956)实质上是从工具性的视角界定社会资本,他将社会资本视为与经济资本、文化资本相对应的另一项重要的资本形态。

社会资本的衡量可以借助与网络个体能够有效动用的网络规模及网络成员所具有各类资本的数量,布特(1992)和布迪厄(1956)一样,从工具性视角对社会资本进行界定,他认为在一个社会网络中,网络联结较少的地带具有较多的社会资本,而网络联结的密集地带具有的社会资本较少,并结合"结构洞"指出网络位置的重要性。布特(2000)甚至提出社会资本是企业竞争力的最终决定因素的观点。

美国社会学家科尔曼(Coleman,1994)从功能视角对社会资本进行界定,他认个人拥有的社会结构资源便是社会资本,并进一步指出,社会资本由社会结构的各个要素构成,存在于人际关系的结构中,能够促进社会结构中的某些个体行动。波茨(Portes,1995)指出,社会资本是个人通过成为网络组织成员,从而获取网络结构中的稀缺性资源的能力。这种能力不是一种先赋性的能力,而是在个人与网络成员之间的关系中所蕴含的一种资源。帕特南(Putnam,1993)同科尔曼(1994)的观点相似,他从社会效益视角出发,强调社会资本能够通过改善个体间的沟通和行动来提高社会效率,增强了人力资本和物质资本的使用效率。也有学者指出,社会资本促进信息传递的效应机制(Uzzi,1999)。

林南(Lin,1999)则强调了社会资本的资源观,他将社会资本定义为嵌入于社会结构中,在有目的的行动中可以摄取或动用的一种资源。社会资本包括:嵌入在一种社会结构中的资源;个人摄取这些社会资源的能力;在有目的的行动中个人运用或动员这些社会资源。Naha Piet 和 Ghoshal(1998)提出了一个三维度社会资本分析框架,即从结构维度、关系维度和认知维度三个维度对社会资本进行分析,该分析框架也被后来的诸多社会资本学者所广泛引用。Adier 和 Kwon(2002)通过对现有社会资本文献的综述,指出虽然学者们对社会资本的内涵与作用各有观点,但各种的概念与观点之间是具有内在一致性与互补性的。

二、社会网络研究的两种视角

当前社会网络研究主要有两种研究视角:一种研究视角是分析和挖掘一个社会网络的整体结构特征,称为社会中心网络(Socio-centric Network)研究;另一种研究视角是分析社网络中个体网络的特征,称为自我中心网络(Ego-centric Network),即主要描述与分析一个网络个体的结构特征。

社会中心网络是指在一个边界清晰明确的社会网络中,全部网络个体之间的关系节点的集合(Kilduff & Tsai,2003),如图2-1所示。社会中心网络主要用以分析某一具体社会网络的整体结构特征。社会网络的整体结构特征能够对网络中个体的行为产生一定的影响作用。简言之,即"网络结构"能够激发网络个体的"能动作用"(刘军,2009)。

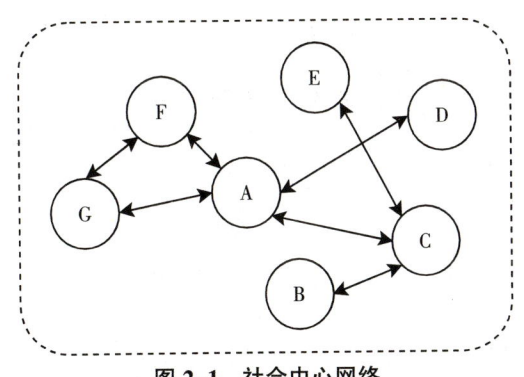

图2-1 社会中心网络

自我中心网络是指针对一个特定个体，与其直接具有关系连带的网络成员所构成的社会网络。自我中心网络分析关注的是特定个体的社会网络结构特征及对其行为的影响。与社会中心网络分析相比，自我中心网络分析具有规模较小、结构简单、关系清晰、易于分析等特征。因此，研究者可以较为深入地挖掘与分析自我中心网络的结构与特征。为了进行自我中心网的分析，研究者往往需要选择一个特定个体，然后运用访谈、问卷等方式收集该特定个体与其他网络个体之间的关系连带情况，进而确定该特定个体的网络特征。自我中心网的分析中所使用的指标主要包括：网络规模、网络异质性、网络强度、网络密度、联结方式等。图 2-2 是一个典型的个体中心网络示意图，反映了网络个体 A，其能够直接产生关系连带的网络个体包括 B、C、D、E、F 和 G，即 A 的网络规模为 6 人。

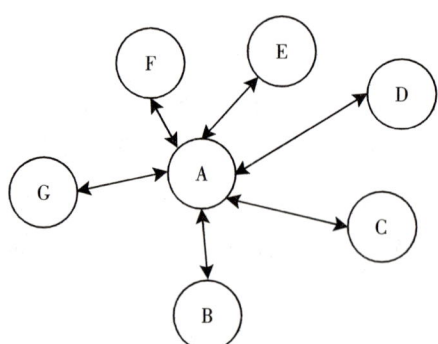

图 2-2　自我中心网络

第三章
非正式网络对个体创新行为的影响：组织支持感的调节作用

第一节 问题的提出

员工的创造力及创新行为不仅是组织创新的源泉和起点，也是组织可持续发展的根本动力（Amabile，1988；孙锐等，2006）。在管理实践中，许多组织为创新提供了大量的资金、设备、场地等"硬环境"的支持，期望能激发员工更多的创新行为，但组织所期望的"全员创新热潮"却没有出现。究其原因，可能与组织对"软环境"缺乏关键性的支持有关，如鼓励冒险、公开谈论、分享信息、畅通沟通等（杨付等，2012），因为正式组织结构不利于知识的转移、共享和创新（肖冬平等，2009）。相反，在非正式网络中个体会有更多的面对面的沟通机会，如员工在业余活动中会提到工作的心得及经验等，这些沟通形式在无形中促进隐性知识的传递。隐性知识是创新的重要来源，而非正式网络成为个体层面的隐性知识传递的重要媒介。所谓非正式网络是指由具有互补知识的同事基于相近的兴趣、爱好或共同的情感所组成的非正式团体（Davenport et al.，1998）。非正式网络虽然能跨过正式报告程序来激发员工的主动性（陈公海，2007），但非正式网络并不属于公司正式组织结构的一部分，无法获得管理者足够的关注（Cross & Prusak，2002），从而导致非正式网络在个体创新行为中的积极作用无法得到充分发挥。所以，只有当企业领导公开并系统地与非正式网络展开合作，即提供组织方面的支持，非正式网络对创新的积极作用才能得以更好地发挥。

基于上述分析，本章拟将组织支持感这一变量引入到模型中，构建"非正式网络—组织支持感—个体创新行为"模型，以企业中的研发人员为研究对象，运用社会调查方法验证该模型，探索非正式网络与个体创新行为的关系，分析组织支持感对非正式网络与个体创新行为两者关系的影响。

第二节　文献回顾与研究假设

一、核心概念的界定

（一）非正式网络

目前学术界尚未形成"非正式网络"统一的定义。Mitchell（1969）基于社会关系的视角认为，非正式网络是由相近的年龄和共同的兴趣爱好，或对某种事物情感共鸣，或从事某种活动利益一致而相互吸引的员工自发形成的非正式联系。Krackardt 和 Hanson（1993）认为，非正式网络是由个体的社会或人际关系构成的网络，它虽然在正式的组织结构图中体现不出来，但几乎都客观存在于所有的组织中，其存在以个体间的人际关系为载体，其发展以信任关系和道德约束作为保障。Davenport 等（1998）认为，非正式网络是由具有互补知识的同事，基于相近的兴趣、爱好或共同的情感所组成的非正式团体。在企业的背景下，非正式社会网络指不受奖惩和管理的有机结构，联系着潜在的不受企业边界限制的个人和群体，其特点是成员之间的交流行为和共同意识形成了相对稳定的人际关系规范，影响成员的态度和行为（陈雯，2007）。研发团队层面的非正式网络是指，研发团队内部由互补知识或共同兴趣的成员所组成，有利于情感交流和知识共享的人际关系网络。

国内外学者已对非正式网络的构成、测量做过一些研究（Krackhardt & Hanson，1993；陈公海，2008；应洪斌、沈瑶，2009；秦铁辉、孙琳，2009；袁晓婷，2010），但迄今尚未见完整而科学的非正式网络量表。Krackhardt等（1993）把非正式网络区分为友谊网络、咨询网络、信任网络和情报网络。袁晓婷（2010）认为应该从结构特性和关系特性对其进行测量。而王燕夷和彭灿（2012）认为，可以从非正式互动机会和非正式互动质量两个方面对其进行测量，其中非正式互动机会采用非正式互动强度、非正式网络密度衡量（柯江林等，2007），而非正式互动质量则用非正式沟通质量和非正式网络信任来评定（王燕夷等，2012）。

（二）个人创新行为

研究者们多从过程的角度界定个人创新，例如，Scott 和 Bruce（1994）认为，个人创新应该从问题的确认开始，包括产生创新构想或解决方案，然后个体为自己的创新想法寻找支持，最后将创新想法"产品化"。个体创新的过程是一种个体实现其新颖有益创意的过程（Amabile et al.，1996）。Kleysen 和 Street（2001）将个人创新行为归纳为五个阶段：寻找机会、产生想法、形成调查、支持及应用。Van der Vegt 和 Janssen（2003）将个体创新行为定义为：在群体或组织的工作角色中，有意识地产生推动并实施新想法，以有利于提高个体、群体和组织绩效。他们认为个体创新行为包括三个不同的阶段：想法产生、想法推动和想法实施。刘云和石金涛（2009）认为，个体创新行为是个体在组织相关活动中，产生、引进和应用有益的新颖想法或事物的过程，包括形成或开发新的创意或技术，改变现有管理程序以提升工作效率等。

(三) 组织支持感

Eisenberger 等（1986）在"互惠规范"与"社会交换理论"的基础上，提出了组织支持感的概念，认为组织支持感是指员工感受到的组织重视自己的贡献和关心自己福利的程度，Eisenberger 等的研究主要关注情感支持。McMillin（1997）将组织支持扩大为情感性支持和工具性支持。凌文铨（2006）认为，组织支持感指员工知觉到的组织对其工作上的支持、利益的关心以及对他们价值的认同。其中，工作支持指组织让员工担当最适合的工作，在员工遇到工作上的问题时给予适时的帮助，注意到工作出色的员工，让员工充分发挥潜能等；认同价值指组织看重员工的工作价值和目标，对员工留在组织的价值认同，为员工的成就而骄傲等；关心利益指组织关心员工的利益，包括薪资和生活状况，为员工生活中出现的问题提供帮助等。近年来，组织支持研究的涵盖内容逐步扩大，包括情感支持、工具支持、关系支持、工作发展支持、价值认同和关心利益等。组织支持感从员工层面上，可以理解为员工对组织重视其贡献和关心其福利的整体感知（丁越兰等，2013）。

二、组织中的非正式网络与个体创新行为的关系

非正式网络的主要特征是成员跨越边界展开多方面的联系，主要包括团队边界、职能边界或组织本身的边界。这类跨越边界的相互作用是创新的"相互作用模型"的本质（Rothwell & Zegveld，1985）。许多研究都指出了边界跨越在创新过程中的重要性（Steward & Conway，1998），特别是在隐含知识转移方面（Senker & Faukner，1993）。人情化的非正式网络学习与沟通会渗透到企业活动的各个方面，包括企业的创新活动。非正式网络对个体创新行为的影响存在于以下几个方面。

（一）非正式网络通过促进隐性知识的共享和转移来影响创新

大量研究表明，成员之间的非正式交流和非正式互动有利于隐性知识的传递和创新的产生（Von，1998；Nonaka，Toyama & Konno，2000；

Wenger & Snyder, 2000; 应洪斌、沈瑶, 2009; Kun Nie et al., 2010)。Wenger 和 Snyder（2000）认为，非正式网络通过成员间的互动来达到知识与学习的分享，这些活动是新知识创造的重要来源。非正式网络凭借其良好的互动性、快速的传播速度决定了它在隐性知识传递中的重要作用（应洪斌、沈瑶，2009）。在实际工作中，直接参与知识的交流和共享活动，有助于加速知识创造的过程。肖冬平和顾新（2009）认为，非正式网络是克服知识网络中隐性知识转移与共享困境的有效途径，因为其具有位置优势（Burt，1999）、心理优势、沟通环境优势、效率优势及动力优势。

（二）非正式网络提高了知识交流的效果

非正式网络在业务流程中可以"取捷径、抄近道"，从而加速知识传递的速度。例如，Cross 和 Prusak（2002）指出，人际沟通的学习效率是阅读的 14 倍。人们在工作中的非正式交流频率要比正式交流高得多，更多依靠非正式网络来收集信息、解决问题——社会科学文献中最重要的发现之一是知道谁具备哪些知识，比自己具备知识更重要（Granovetter, 1973; Allen, 1977; Burt, 1992; Wenger & Snyder, 2000），这种现象被称为交互记忆，由此形成的系统称为交互记忆系统，交互记忆系统在创新活动中起到正向影响（黄海艳等，2011）。员工在与他人进行知识共享的过程中，一方面，可以扩大自己获取知识的边界，同时让自身处在知识转移网络中的关键节点上；另一方面，还可以提升自我效能感，从而促进员工创新行为（曹勇等，2013）。

创新的基础是知识，有价值的创新都是知识共享、积累与应用的结果（Drucker，1998）。Allen 等（2007）指出，非正式知识网络与正式知识网络在结构上有显著的不同，非正式知识网络对企业研发绩效的影响更显著。创新要求多样化的资源输入和整合能力，跨越正式结构的非正式网络使得创新者能够在整个组织的层次上发现他们所需要的资源，从而促进创新。据此提出研究假设 1：

H1：组织中的非正式网络与个体创新行为呈正相关。

三、组织支持感对非正式网络与个体创新行为关系的调节作用

组织支持感的实质是组织对员工的承诺以及激励，如鼓励理性的冒险和创新的建议、公正地评估新的想法、认可并奖励创造性成果。大量研究证实了组织支持感对工作绩效有积极的正向影响（Kraimer et al.，2004；陈东健等，2009；田喜洲、谢晋宇，2010）。当员工感知到高水平的组织支持时，会显著地提升其工作满意程度和工作绩效（黄俊等，2012）。

卢纪华等（2013）研究发现，组织支持感满足了员工的心理需求，在员工感受到组织愿意且能够对他们的工作提供支持并能带来相应的回报时，会自觉地投入到组织期望的行为中，为组织利益付出更多的努力，甚至进行各种带有冒险性质的创新尝试。社会交换理论也强调，组织支持感水平较高的员工将有可能表现出更高的工作绩效以及其他有利于组织的行为。当员工的组织支持感处于低水平时，他们更愿意按部就班地完成工作，鲜有人会积极主动地采取可能带来失败的创新行为。非正式网络客观而普遍地存在于正式组织中，并且有意或无意地影响着成员的观念、态度和行为，是组织成员间隐性知识的重要传播渠道。

但非正式网络并不存在于企业的正式组织结构中，因此管理层在制定相关政策或做决策时一般很少或根本不关注非正式网络的存在，这种现象严重影响了非正式网络作用的发挥。如果要发挥非正式网络在隐性知识交流的作用，进而促进个体的创新行为，需要从组织层面上关注和重视非正式网络及其作用。Bock等（2009）认为，个体间的知识共享难以通过组织强制命令方式实现，而应依赖于适宜的激励机制。因此，组织就需要从管理制度与情感上认可并支持非正式网络，充分发挥非正式网络在个体创新行为中的积极作用。

支持性文化和氛围感有利于员工的创造性发挥，能够预测员工的创

第三章 非正式网络对个体创新行为的影响：组织支持感的调节作用

新行为，还有利于形成一种信任和合作的组织氛围，进而促进员工相互间的合作与人际互动，并且这种积极有效的合作、人际互动及信息交流能够使员工产生更高水平的创造性，这种行为关系在何会涛等（2012）的研究中得到了相应的证实。高水平的组织支持感会产生互惠的知觉，员工为了完成其对组织的互惠责任，会愿意表现出更多的有利于组织的行为和态度来作为回馈，并在工作行为或态度上有所表现（Shore & Terick，1991）。Oldham 和 Cummings（1999）认为，主管对下属员工的创意支持与组织专利数量、员工建议贡献呈正相关。

社会需求理论表明，由于创新工作具有非结构化特征，创新过程充满了非常规性和较大的风险性，创新员工背负着相当多的压力，所以创新参与者需要获得其上层管理者支持（孙锐等，2009）。社会交换理论指出，人与人之间的关系在本质上是一种社会交换，当得到他人的积极对待时，人们往往也会对这种积极对待产生回报。应用到组织环境中，当员工感知到组织对自己的关心、赞赏时，也往往会给予组织更多的积极回馈；当他们感知到的组织支持较弱时，他们更愿意保守知识等。综上所述，当员工的组织支持感处于高水平状态时就会强化非正式网络与创新行为，而当员工的组织支持感处于低水平状态时会使非正式网络与创新行为弱化。根据上述分析，提出研究假设2：

H2：组织支持感正向调节非正式网络与个体创新行为的关系，如图3-1所示。

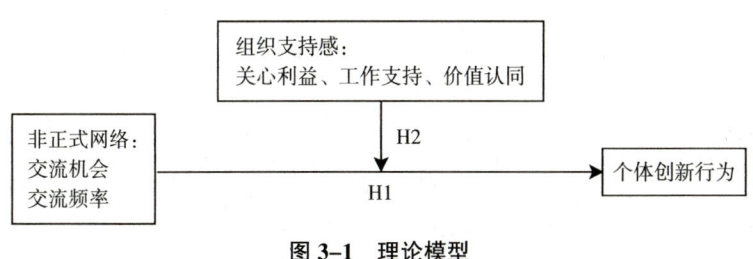

图3-1 理论模型

第三节 研究设计

一、样本来源及数据收集

本章采用问卷调查的方法收集数据,数据收集历时 1 年多,问卷发放主要有 2 个渠道:一是通过南京大学的 MBA 和 EMBA 学员、南京理工大学 MBA 学员和河海大学的 MBA 学员协助请他们所在企业的相关人员进行填写;二是通过各地的企业家协会协助联系有关企业进行调查。所选研究对象均为企业的研发人员。非正式网络和组织支持感由个人进行填写,个体创新行为的测量采用员工自评与其直接主管评价相结合的方法,采用多种评比方式来避免样本数据的社会愿望偏差。本次调查共发放非正式网络、组织支持感问卷 479 份,个体创新行为问卷 567 份,剔除不合格问卷,最终获得有效研究对象 331 个。样本分布情况如表 3-1 所示。

表 3-1 正式测试有效样本情况统计（N=331）

行业	样本数（个）	百分比（%）	性质	样本数（个）	百分比（%）
IT 企业	39	11.78	国有企业	56	16.92
医药企业	60	18.13	三资企业	132	39.90
水利科技企业	72	21.75	民营企业	143	43.20
制造业	129	38.97			
金融企业	31	9.37			
团队规模（人）	样本数（个）	百分比（%）	企业规模（人）	样本数（个）	百分比（%）
人数少于 5	89	26.89	50 以下	75	22.66
5~10	93	28.10	50~300	119	35.95
10 以上	149	45.00	300 以上	137	41.39

二、测量工具

本章为确保测量工具的效度及信度，全部采用国内外现有文献已使用过的成熟量表，再结合本章的研究加以适当修改。本章采用内部一致性法，以 Cronbach's α 系数来检测变量的信度。各题项均采用 Likert5 点量表进行测量，从"1（非常不同意）"到"5（非常同意）"。

（1）个体的非正式网络的测量。本章采用非正式互动机会和互动质量来测量非正式网络。其中，非正式互动机会用非正式互动强度、非正式网络密度衡量（柯江林等，2007）；非正式互动质量则用非正式沟通质量和非正式网络信任评定（王燕夷等，2012）。

（2）组织支持感的测量。组织支持感问卷。本章选用的组织支持感量表是凌文辁等（2006）开发的组织支持感量表，包括工作支持、员工价值认同、关心利益三个维度。

（3）个体创新行为的测量。本章采用 Scott 和 Bruce 开发的量表，包括创意的产生和执行创新构想两个阶段。主要是测量研发人员在团队中对新技术、新流程、新技巧或新产品的导入和应用过程，以成为有用产品或服务的行为表现程度。

（4）控制变量。根据之前的研究，发现企业规模、团队规模、行业类别、企业性质对企业绩效、成员的沟通等影响较大，为了确保研究的有效性，本章将这些重要因素选为控制变量。

三、问卷的信度和效度检验

本章采用 Cronbach's α 系数来分析信度，SPSS16.0 分析检验结果如表 3-2 所示，各变量的 Cronbach's α 系数在 0.70~0.90 间，均达到了较高的水平，表明问卷具有良好的信度。

表 3-2　各变量验证性因子分析结果

拟合指标	λ/df	RMSEA	GFI	CFI	IFI
非正式网络	2.131	0.058	0.930	0.922	0.932
组织支持感	2.212	0.061	0.912	0.927	0.937
个体创新行为	1.723	0.032	0.916	0.937	0.916

效度检验方面，本章使用了其他学者曾用过的较为成熟的量表，并通过咨询相关领域的专家以及进行小样本的预测对量表进行了修订，从而保证了量表具备较好的内容效度。结构效度方面，本章运用 AMOS17.0 进行了验证性因子分析，分析结果如表 3-2 所示，λ/df 在 1~3 间，RMSEA 小于 0.08，GFI、CFI 和 IFI 均大于 0.90，表明各变量具有良好的结构效度。

第四节　分析结果

采用 SPSS17.0 对变量进行了描述性分析及相关性分析，运用多元回归分析方法考察了各变量之间的关系，并对文中所提出的研究假设进行了检验。

一、变量的描述性分析及变量间的相关性分析

表 3-3 显示了各变量的均值与标准差，以及变量间的相关性。表 3-2 的结果表明，非正式网络、组织支持感和个体创新行为三个变量与团队规模、企业规模之间都呈负相关；非正式网络、组织支持感和个体创新行为三个变量与企业性质、行业呈正相关。非正式网络与个体创新行为呈正相关（相关系数为 0.768**），组织支持感与个体创新行为呈正相关（相关系数为 0.702**）。假设 1 得到初步验证。

第三章 非正式网络对个体创新行为的影响：组织支持感的调节作用

表3-3 变量的描述性统计结果和相关系数矩阵（N=331）

变量	均值	标准差	1	2	3	4	5	6	7
团队规模	2.181	0.830	1						
企业规模	1.813	0.780	0.625**	1					
企业性质	2.263	0.730	0.036	−0.137*	1				
所属行业	3.163	1.182	−0.617**	−0.815**	0.336**	1			
非正式网络	26.514	5.403	−0.706**	−0.908**	0.253**	0.863**	1		
组织支持感	28.003	5.193	−0.184**	−0.270**	0.136*	0.304**	0.304**	1	
个体创新行为	22.100	3.786	−0.502**	−0.715**	0.227**	0.686**	0.768**	0.702**	1

注：** 表示 $p<0.01$；* 表示 $p<0.05$。

二、假设检验

为了进一步明确各变量之间的关系，在考虑团队规模、企业规模、企业性质和行业属性等控制变量的影响下，使用分层多元回归对自己的主要变量进行了回归。在进行回归前对数据进行了标准化以及进行了多重共线性检测，VIF小于10，未发现预测变量之间存在明显的共线性问题，说明回归分析的结果是可靠的。具体回归分析结果如表3-4所示。

表3-4 回归分析结果汇总（N=331）

	个体创新行为			
	模型1	模型2	模型3	模型4
团队规模	−0.259	0.268	0.161	0.184
企业规模	−1.803***	−0.337	−0.442*	−0.464*
企业性质	0.336*	0.071	0.021	0.206*
所属行业	0.853**	0.273	−0.039	0.092
自变量：非正式网络		2.538***	2.056***	2.148***
调节变量：组织支持感			1.950***	1.575***
非正式网络×组织支持感				0.651***
R^2	0.549	0.597	0.835	0.867
调整的 R^2	0.544	0.591	0.832	0.864
F	99.321***	96.205***	273.189***	301.564***

注：* 表示 $p<0.05$；** 表示 $p<0.01$；*** 表示 $p<0.001$。

第一步，将团队规模、企业规模、企业性质和所属行业等控制变量加入模型1，该模型成立（$R^2 = 0.549$），说明团队规模、企业规模、企业性质和所属行业等控制变量能够解释员工个体创新行为变异的54.9%。其中，企业规模与个体创新行为呈负相关，回归系数为-1.803***，说明随着企业规模的扩大，员工表现出来的创新行为越少。企业性质和行业与个体创新行为呈正相关，回归系数分别为0.336*和0.853**。

第二步，加入非正式网络的主效应（模型2），模型2成立（$R^2 = 0.597$，回归系数为2.538***），表明非正式网络显著影响个体创新行为，并且能够解释员工个体创新行为变异的59.7%，比模型1增加了4.8%的解释力。假设1得到验证。

第三步，加入非正式网络与组织支持感（模型3），该模型成立（$R^2 = 0.835$），比模型2增加了23.9%的解释力。组织支持感与个体创新行为呈正相关，回归系数为1.950***。

第四步，加入非正式网络与组织支持感的交互项（模型4），该模型成立（$R^2 = 0.867$），比模型3增加了3.2%的解释力，交互项的回归系数为0.651***，说明组织支持感对非正式网络与个体创新行为之间的关系有着显著的调节作用，假设2得到了支持性验证。

为进一步探讨组织支持感对非正式网络与个体创新行为之间关系的调节作用、方向及深层次的影响，本书参考了Aiken和West（1991）提供的方法，分别检验了调节变量（组织支持感）在低于均值和高于均值情况下的回归系数。图3-2给出了非正式网络与组织支持感交互影响个体创新行为的关系模型。以调节变量组织支持感的均值加1个标准差为高分组，均值减1个标准差为低分组，计算所得的回归方程分别为：$Y_{高分}=22.351+0.862x$，$Y_{低分}=21.489+0.48x$。高分组的斜率明显高于低分组且斜率为正，说明组织支持感对非正式网络与个体创新行为之间的关系有着显著的正向调节作用，进一步验证了假设2。

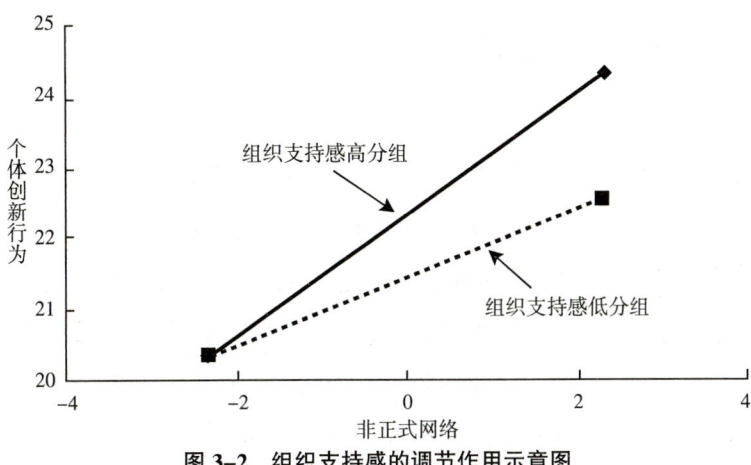

图 3-2 组织支持感的调节作用示意图

第五节 研究结论与讨论

一、研究结论

本章以 331 个研发人员为研究对象,运用多元回归方法,研究了非正式网络、组织支持感对个体创新行为之间的关系。研究发现:

(1) 组织中的非正式网络对个体创新行为有显著正向影响,即非正式网络有利于激发个体的创新行为。成员在非正式网络中的交流机会越多、交流频率越高,越能促进成员之间的信息、知识分享,进而激发个体创新行为的发生。

(2) 组织支持感对非正式网络与个体创新行为之间的关系有着显著的正向调节作用。表明非正式网络在个体创新行为中要发挥充分作用,需要获得正式组织的认可与支持,这个研究结果验证了 Cross 和 Prusak 提出的观点。

二、研究贡献与启示

1. 理论贡献

本章将非正式网络、组织支持感与创新行为的关系研究纳入同一研究模型，进行整合研究，有利于系统地掌握问题的本质。一方面，实证研究可以缓解这个领域存在的纷争，更好地解释已有研究中关于非正式网络对创新行为影响不一致的原因；另一方面，组织支持感是基于员工的个体感知，而非组织层面，创新行为也是基于个体层面，基于个体层次的研究体现了团队成员在社会生活与工作中追求"私有利益"的本质，更具有现实意义。因此，在研究视角和内容上是一个创新。

2. 实践意义

基于本章的结论，企业应该对非正式网络予以足够的重视并发挥其积极作用，采取相应管理策略激发其对创新的积极作用。

（1）企业应该客观对待非正式组织的存在，并积极研究非正式组织。Blau 和 Scott（1962）认为，如果没有研究非正式关系网络，就不可能理解正式组织的性质。Krackhardt 和 Hanson（1993）将组织中的非正式网络比作组织生命体的神经系统，正式组织代表骨骼。骨骼坚固稳健但过于刚硬，而神经系统则是脆弱、灵活的。骨骼在某种程度上可以观察到，而神经系统只能感觉到，就像一种无结构的组织，没有明确的分工。如果不加以明确、细致的观察，将难以识别出它们（Han，1983）。非正式网络和正式网络二者相互依存。由于非正式组织的形式多样，而且它们内部和相互之间的关系在不断发展变化。管理人员只有及时对非正式组织进行监控，掌握其发展方向，才能扬长避短，管理好非正式组织。为了更好地识别与管理非正式网络组织，可以画出非正式组织及其成员之间的网络图或称非正式组织图。

（2）制定相应的管理策略，激发非正式网络作用的发挥，提高员工的组织支持感。非正式组织与正式组织之间的冲突本质上是两种文化之间的冲突，是正式组织文化与非正式组织的亚文化之间的冲突。因而，从长远来看，要通过培养团队协作型文化来引导非正式组织的正确发展方向以及发挥非正式网络组织的积极作用。团队协作型企业文化有助于提升员工对企业有认同感、归属感，增强企业的凝聚力。企业还可以通过采取各种激励措施，满足员工的物质和精神心理需要，使员工与企业之间结成命运共同体。

（3）消减非正式网络的消极作用。此外，非正式网络虽然具有积极作用，但是真的存在，如果利用或引导不当也会对组织产生消极影响，管理者应该重视起来。非正式组织的根源就在于同质化，比如相似的经历、学历、年龄，相似的背景、价值观，来自同一个城市、同一所大学等，这是非正式组织存在和发展的基础。同质化使员工在压力之下或者利益的驱动下能更快地取得一致，从而为非正式组织的紧密化提供良好的条件，所以尽量保持员工的多样化、差异化，以免非正式网络的作用大于正式网络的作用。同时，管理者尽可能地参与非正式组织的活动，当管理人员成为非正式组织的成员时，可以通过他们施展个人影响，逐渐使非正式组织的行为和利益与正式组织管理目标保持一致。更好地发挥非正式组织的积极作用，遏制消极作用的发生。

（4）多渠道增强员工的组织支持感。在物质层面，组织应多增加员工福利，为其提供充足的保障与资源；在精神层面，增加同事之间及上下级间工作之外的交际和接触，以沟通感情，促进互相理解，形成良好的沟通氛围。此外，作为员工资源的最直接来源，主管应对员工工作、家庭提供必要鼓励与支持，构建良好的上下级关系，以增强员工对组织的依赖和认同（张光磊等，2019）。

三、研究不足与未来展望

（1）受研究成本、时间等条件限制，本章仅收集了331个研发人员的截面数据，相对于纵向研究（追踪研究）而言，说服力相对较弱，难以准确反映非正式网络、组织支持感对个体创新行为的动态影响。组织中员工的流动使非正式网络具有很强的动态性，网络中成员之间的互动机会与互动频率会随着员工的流动发生变化，这些变动都会对非正式网络在个体创新行为中的作用产生影响。在后续研究中，我们可以采用追踪数据来分析非正式网络对个体创新行为之间的影响，从而使结论对企业实践更具有指导意义。

（2）本章仅探索了组织支持感这一个变量对非正式网络与个体创新行为关系的影响。在后续研究中，希望通过更为全面的理论分析以及探索性案例分析，识别出其他的调节变量，将其纳入模型中，建立更为完善的理论模型，提高研究结论的系统性和针对性。

第四章
失败学习对个体创新行为的影响及治理机制

第一节 失败学习对个体创新行为的影响

一、问题的提出

创新过程实际上是对未知领域的探索以及不断修正错误的过程,常与失败相随。所谓失败就是人们采取的行动没有达到预期结果或出现了不可预见的结果(畑村洋太郎,2002)。创新过程中的失败并不意味一定是"坏事",因为失败是创新过程中的客观现象,其蕴藏了大量或对或错的知识,甚至会隐藏着后续创新成功的机会(Shepherd D A, Wiklund J & Haynie M, 2009)。与成功经验相比,失败经验对创新来说更具有价值,因为成功具有不可复制性,但是失败却可以避免。一些研究者发现,个体不仅能从他人的成功行为中获取新知识,还能通过反思自身或他人的失败行为而积累独特的知识(Holcomb T R, Ireland R D & Holmes R M et al., 2009),而这些独特的隐性知识正是创新的源泉。失败能否成为成功的铺垫,主要取决于创新者是否能够及时地反思失败,从中找出后续创新的有用知识,并将这些知识灵活地运用到后续的创新活动中(Green

S G, Welsh M A & Dehler G E, 2003)。

近年来，学术界极大的关注失败学习的价值。例如，2011年4月《哈佛商业评论》围绕"从失败中学习"这个主题，探讨了失败学习对企业经营与管理的实践意义。中国学术界也陆续展开了关于失败学习的价值研究（胡洪浩、王重鸣，2011；朱雪春、陈万明，2014），但是这些研究存在一定的局限性：①主要从组织层面或团队层面探讨失败学习对创新行为（或创新绩效）的影响，并且研究对象集中于创业中的失败现象，如于晓宇、蔡莉（2013）和李雪灵、范长亮、申佳、万妮娜（2014）等；②仅研究了失败学习与结果变量之间的关系，以及产生影响的原因，没有探究失败学习对创新行为的影响机理。然而，个体创新是组织创新的基础，而失败学习的主体是个体，因此有必要从个体层面对失败学习及影响失败学习的情景变量进行研究。个体行为不仅受到个体特质的影响，还会受到群体或组织层面因素的影响，失败学习主体虽然是个体，但失败学习发生在组织情境下，因此也有必要考虑组织情境对失败学习的影响。因此，基于经验学习理论与社会交换理论，从个体层面的心理弹性与组织层面的组织创新支持感交互层面来研究失败学习与个体创新行为之间关系的机理，以便更好地解释个体失败学习影响其创新行为机理和有效促进个体创新行为的条件。在研究结论基础上，给出相应的政策建议，以便能更客观地认识和评价失败的价值，为丰富失败学习的研究领域以及指导失败学习的实践提供理论上的依据。

二、相关研究评述和研究假设

（一）研发人员的失败学习与其创新行为

研发人员的创新行为是指研发人员在研发工作中提出创新构想或问题解决方案，并推动其在组织内的应用等行为，包括创意的提出和执行两个部分（顾远东、周文莉、彭纪生，2014）。失败学习即从失败中学习，包括对自身失败的学习和对他人失败的学习，不是简单地去避免重复先前的失败行为,而是一个行动与反思的过程,在此过程中积累独特的知识(Politis D,2005)。个体的失败学习对创新行为的影响主要有以下三种机制:

(1)学习者通过反思失败,获取有价值的知识。创新需要多样性的知识资源,尤其是隐性知识,而失败情景则蕴含 Know-how 和 Know-who 等经验知识。学习者可以从创新失败中获取有价值的信息与知识。同时,反思是一个复杂的心理过程,在反思过程中,非常容易获得一些独特的想法,即独特的隐性知识,而独特的隐性知识正是创新所需要的。个体将获得的这些新知识与同事进行充分沟通与讨论,并将新知识运用于工作中,就可以有效地激发其创意的产生与执行。

(2)在失败学习过程中,通过共同的反思、沟通及经验的分享等途径在成员之间建立信任关系。信任是促进知识尤其是隐性知识分享与流动的重要途径。

(3)个体通过学习外部失败经验可以以低廉的成本获得隐性知识。首先,可以拓宽个体的学习范围。任何个体的视野都是有限的,他人的经验能为学习者提供更多、更复杂的学习情境,可最大限度地扩展学习者的视野,且学习对象的有用经验能优化与扩充学习者的知识库,使个人的知识库逐渐呈现多样性、复杂性,有益于创新。在学习中,个体如选择的失败事件与自身失败经历相似,就可实现资源(知识、能力)的兼容,兼容度越高,越容易产生正向迁移效应。然而,当学习对象与自身失败经历相异时,彼此的知识重叠较少,虽然不易协同,但在学习中可以实现资源互补,而异质性的知识更有利于发现新机会,产生创新。其次,有利于降低学习者对失败的恐惧。学习者在学习与反思他人失败时,会认识到失败是一种常态,人人都会失败,从而缓解他们对失败的恐惧心理,正视自身的失败(唐朝永、陈万明、彭灿,2014),消除或减轻对失败的恐惧,有利于学习者在工作中进行更为大胆的探索;最后,尤为重要的是,其他企业或个体的经验是廉价的,学习者不需要花费太多的时间和成本,通过观察和模仿来学习他人的经验(范艳萍,2015;Baum J A C & Ingram P,1998),并能在较短的时间内取得较好的学习效果。由此,本章提出研究假设1。

H1:研发人员的失败学习正向影响其创新行为。

(二)心理弹性的调节作用

从情绪角度而言,失败是一件让人不愉悦的事件,并且分析失败、反思失败是一个痛苦的过程,会引发诸多负面情绪,甚至会伤及自尊感,进而打击创新者的自尊与自信,降低创新者再次创新的意向(Corbett A C,2005)。因此,在遭遇失败时,个体往往会回避谈论失败。而心理弹性(Resilience)作为一种积极的心理品质,有助于缓冲个体所遭遇的消极影响。所谓心理弹性是指个体在遭受困难时,能尽快恢复并保持健康心理状态的能力。心理弹性有助于提升个体从失败中快速修复的能力(Shepherd D A,Wiklund J & Haynie M,2009),使其能够从失败的负面影响中快速恢复并以积极的心态投入到新的工作中去。在不同心理弹性水平的人中,高心理弹性水平者具有以下特点:①失败的挫折感较低(Ollier-Malaterre A.,2010),其将失败视为可以解决的问题,能尽快地从失败中恢复并从失败中学习,产生更多创新行为。②在反思失败过程中,更愿意与同伴进行沟通与交流,促进创新行为。创新是由差异化的信息与知识交换、升级产生的。在反思过程中,当个体遭遇阻碍时,如果能与团队成员或工作伙伴一起反思失败,会在与他人讨论过程中,使问题与他人言行发生剧烈的碰撞,产生创新思维,符合库伯关于学习的理论,即集体学习的效率高于个体学习。不同的个体具有不同的学习风格、智力水平、知识结构和认知风格等,在集体学习中有利于不同思想的碰撞和交流,从而产生新的知识。③如果创新者具有较高水平的心理弹性,可以缓解双环学习过程所带来的负面情绪,对随后创新意向和创新行为产生影响。据此提出研究假设2。

H2:心理弹性正向调节研发人员的失败学习与其创新行为间的关系。

（三）组织创新支持感的调节作用

创新在一定程度上就是一个不断试错的过程。在创新的过程中难免遇到失败，作为企业组织要为员工营造一个容忍失败的工作环境，允许创新失败，更重要的是能积极主动地引导与帮助员工正确对待失败及反思失败，从失败中吸取有用的信息与知识。例如，Skunk Works®（"臭鼬工厂"，美国洛克希德马丁公司下属的高级技术研发部门）在长达65年中，推出诸多创新。Skunk Works®取得如此非凡的成就在于愿意接受并承担失败。正如执行副总裁Frank Cappuccio先生所说，Skunk Works®失败的次数至少和它成功的次数一样多。其将Skunk Works®的经验简单地归结为："快点失败，早点失败"，即早点发现问题，鼓励大胆尝试，包容失败，并从失败中学习。这种宽容失败的环境是员工所感知到的组织对其在工作过程中实施新构想的主观感知，称为组织创新支持感。

失败学习本质上是一种经验学习。一方面是对失败原因的探测，另一方面是对错误行为的修正（Carmeli A，2007）。在创新失败原因的探测环节，如果组织采用"归责导向"，持续追究责任，员工所感知到的组织支持感较低或为负，导致员工不愿意主动、积极地分析创新失败的原因，而无法获得有利于创新的经验教训，失败学习对于员工创新行为的积极作用将被减弱。如果组织采取"结果导向"，员工感知到组织能够积极地、客观地评估当前结果与预期结果的偏离程度，员工会主动地分析创新失败的原因，并大胆设想，有助于在失败学习中发现新知识或获得新灵感，失败学习将增强员工的创新行为。在失败情景的修正阶段，组织有两类相反的行为反应。一是采取"风险偏好行为"，如在上一次创新失败后，为后续的创新活动顺利投入更多资源；二是采取"风险规避行为"，如在遭遇一次创新失败后，会减少对创新活动的资源投入。根据社会交换理论，与"风险规避行为"相比，组织如果采用"风险偏好行为"，员工会感受到高水平的组织创新支持，并相信自身能够从组织中获得相应的回报，会自觉地执行组织期望的行为，为组织的利益付出更多的努力。在修正失败的过程中,员工会投入更多的精力,积极寻找新的解决问题的策略,产生新创意。

同时,组织对创新的支持还能改善成员间的人际关系,使相互更友好、更信任。在面对失败时,会客观地对待失败,积极地进行集体反思与合作互助,而不会相互指责或推卸责任,这有助于从失败中获得新知识。由此,提出研究假设3。

H3:组织创新支持感正向调节研发人员的失败学习与其创新行为间的关系。

(四)心理弹性与组织创新支持感的共同作用

人是"社会人",其行为都是自身与环境交互作用的结果,将个体特质与其所处环境结合起来,研究其行为特性将更合理、更全面。结合假设2和假设3的分析,研究对象可以分为四种典型类型,如图4-1所示。第一类,高心理弹性、高组织创新支持感的研发人员,这类人员会使用支持性资源来提高失败应对能力,减缓失败所产生的负面影响(Oddgeir F,Monica M & Jan H R,2006),并能主动地从失败中学习有利于创新的知识,从而激励产生更多、更有效的创新行为。第二类,高心理弹性、低组织创新支持感的研发人员,在遭遇失败时,如果对创新活动具备很强的意愿,就可顶住失败的压力并积极地从失败中学习,继续创新活动;如果自身对创新的需要不够强烈,在缺少组织外力支持的情况下,就可能选择不继续冒险进行创新活动。第三类,低心理弹性、高组织创新支持感的研发人员,在遭遇失败时,容易对创新丧失信心,如果组织能给予足够的创新支持,则有可能选择继续创新活动。第四类,低心理弹性、低组织创新支持感的研发人员,在面对失败时很容易丧失信心,一般会倾向于选择保守行为,以避免再次失败的风险,即终止创新行为。据此提出研究假设4。

H4:心理弹性与组织创新支持感共同正向影响研发人员的失败学习与其创新行为间的关系。

第四章 失败学习对个体创新行为的影响及治理机制

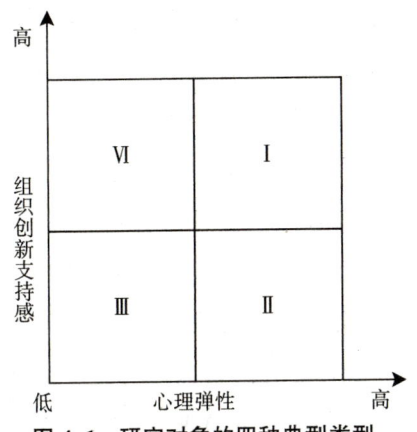

图 4-1 研究对象的四种典型类型

（五）研究理论模型

基于以上分析，本章以高新技术企业中的研发人员作为研究对象，运用实证分析方法，研究：①研发人员的失败学习与其创新行为间的关系；②心理弹性、组织创新支持感分别对研发人员的失败学习与其创新行为二者关系产生何种影响；③心理弹性与组织创新支持感的交互效应对研发人员的失败学习与其创新行为二者关系的影响。研究的理论模型如图 4-2 所示。

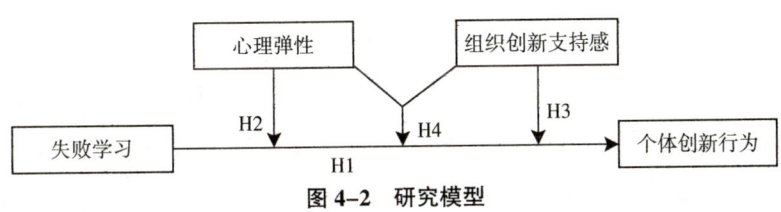

图 4-2 研究模型

三、研究方法

（一）样本和数据收集

本章选择以高科技企业中的研发人员为研究对象，与传统的制造业、服务业相比，创新活动在以知识为基础的高科技企业中更为频繁，并且创新过程中面临更多的失败（Levinthal D A，1991），为了获得战略竞争优势，高科技企业必须学会从失败中学习，提高创新活动的成功率。为了收集实证分析所需的数据，采用 Li 和 Atuaheneima K（2001）的观点对所研究企业进行识别：①初创期团队中有研发或关键技术人员；②30%及以上员工是技术人员；③企业销售收入中的 3%及以上用于研发。采取追溯研究方法和跨层次研究方法来测量个体的失败学习。问卷填写者对自身的失败学习的情况进行评分（既包括自身的失败经验也包括学习他人的失败）。由于某些失败情景发生于几个月前甚至几年前，在回忆的基础上完成的自我报告可能存在回忆偏见（recall bias）或回忆扭曲（recall distortion）（Podsakoff P M & Organ D W，1986）。为了解决这些问题，研究同时邀请被调查者的同事或主管对被调查者的失败者学习情况进行评价，最后取两者的均值作为失败学习的得分，以减少同源误差。同样，个体创新行为问卷也采用由被调查者自我评价与主管或同事评价相结合的方法，以减少同源误差。

为克服同源误差，设计了四份问卷，分两个阶段分别对研究对象的失败学习、心理弹性、组织创新支持感、个体创新行为进行了测量。第一阶段，发放失败学习、心理弹性问卷；第二阶段，1 个月后发放了组织创新支持感、个体创新行为问卷。其中，失败学习与个体创新行为各发放问卷 1479 份（其中，479 份由被调查的研发人员的同事或主管对其进行评价）；心理弹性、组织创新支持感问卷各发放 1000 份。经过两个阶段，共回收配对问卷 971 份，删除不符合统计要求（如误填、漏填等）的问卷，最后得到有效问卷 903 份，有效回收率为 61.05%。调查问卷的样本特征如表 4-1 所示。

（二）变量测量

采用的量表均为国内外现有文献中较成熟的量表，再结合研究目标进行适当修改。各题项均采用 Likert 5 点量表进行测量，即从"1（非常不同意）"到"5（非常同意）"。

（1）失败学习（Failure-based Learning，FL）：借鉴 Carmeli 等（Carmeli

表 4-1 正式测试有效样本情况统计（N=903）

名称	类别	数量（人）	百分比（%）	名称	类别	数量（人）	百分比（%）
年龄	29 周岁及以下	203	22.48	工龄	3 年以下	103	11.41
	30~40 周岁	500	55.37		3~10 年	482	53.38
	40~50 周岁	200	2.15		10 年以上	318	35.21
性别	男	608	67.33	学历	本科及同等学力	59	6.53
	女	295	32.67		硕士研究生及同等学力	682	75.53
婚姻状况	未婚	202	22.37		博士研究生及同等学力	162	17.94
	已婚	701	77.63				

A，2007；Carmeli A & Schaubroeck J，2008）及于晓宇等的量表来测量研发人员的失败学习情况，包括 3 个题项：员工遇到问题时会想办法，并将问题反馈给管理层；员工犯错或失误时，同事并不责备，而是从中学习；员工犯错或失误后，常会告诉同事，使其从中学习。

（2）心理弹性（Resilience，RES）：采用于肖楠等（2007）修订的 Connor-Davidson 韧性量表，包括 3 个维度，即坚韧（面对挑战时镇定自若、坚定不移、反应敏捷、有控制感等）、自强（经历挫折后不仅能够复原，还能获得发展和成长）和乐观（对克服逆境有信心，从积极的角度看待事情等），共 12 个题项。

（3）组织创新支持感（Perceived Organizational Support for Creativity，POSC）：借鉴 Siegei S M 和 Kaemmerer W F（1978）开发的创新支持量表，包括创新支持维度和组织鼓励维度，共 7 个题项。

（4）员工创新行为（Innovation Behaviors，IB）：采用了顾远东等（2014）、Scott 等（1994）的研发人员创新行为量表，包括创意尝试行为维度和创意推广行为维度，共 6 个题项。

（5）控制变量：参照以往的研究，将员工的性别（Gender）、年龄

(Age)、教育程度（Education，edu）和在本单位工作时间（Tenure）等作为重要的人口特征变量。

（三）实证模型

假设 1 推断研发人员的失败学习对其创新行为具有正向影响，用式（4-1）回归方程模型验证假设：

$$FL = \beta_0 + \beta_1 IB + \beta_2 Controls + \varepsilon \tag{4-1}$$

式中：β_i 为相关系数；Controls 为控制变量；ε 为误差项，下同。

假设 2 推断心理弹性正向调节失败学习与创新行为之间的关系，用式（4-2）多元线性回归方程模型验证假设：

$$FL = \beta_0 + \beta_1 IB + \beta_2 RES + \beta_3 IB*RES + \beta_4 Controls + \varepsilon \tag{4-2}$$

假设 3 推断组织创新支持感正向调节失败学习与创新行为之间的关系，用式（4-3）多元线性回归方程模型表示验证假设：

$$FL = \beta_0 + \beta_1 IB + \beta_2 POSC + \beta_3 IB*POSC + \beta_4 Controls + \varepsilon \tag{4-3}$$

假设 4 推断心理弹性、组织创新支持感共同正向调节失败学习与创新行为之间的关系，用式（4-4）多元线性回归方程模型表示验证假设：

$$FL = \beta_0 + \beta_1 IB + \beta_2 POSC + \beta_3 IB*POSC + \beta_4 IB*RES + \beta_5 POSC*RES + \beta_6 IB*POSC*RES + \beta_7 Controls + \varepsilon \tag{4-4}$$

回归模型分析基于问卷调查所得数据，采用 SPSS20.0 统计分析软件完成。

四、研究结果

（一）同源误差检验

采用了不同时点收集数据的方法来减少同源误差，但所有变量的数据均由相同的群体提供，数据仍可能存在同源偏差。根据 Podsakoff 等（2003）的建议，第一步，对数据进行了探索性因子分析，得到旋转前的第一个公共因子；第二步，在控制该公共因子后，计算各变量间的偏相关系数，结果显示偏相关系数显著，表明同源偏差不显著，可进行下一步的数据分析。

(二) 问卷信度和效度检验

运用 SPSS20.0 软件进行信度和效度检验，KMO 最小值为 0.711，且样本数量充足，超出因子分析的样本限制水平。探索性因子分析结果显示，各题项的因子载荷在 0.601~0.821 间，表明这些题项均反映存在相关，具有较高的收敛效度。各变量的 Cronbach's α 系数在 0.720~0.901 间，均达到了较高水平，即问卷具有较强的内部一致性。在效度检验方面，使用了其他学者曾用过的较为成熟的量表，并在咨询相关领域的专家以及进行小样本的预测的基础上对量表进行了修订，以保证量表的内容效度符合研究的需要。在结构效度方面，运用 AMOS17.0 进行了验证性因子分析，λ/df 在 1~3 间，RMSEA 小于 0.08，GFI、CFI 和 IFI 均大于 0.90，说明各变量具有良好的结构效度。分析结果如表 4-2 所示。

表 4-2 各变量验证性因子分析结果

拟合指标	λ/df	RMSEA	GFI	CFI	IFI
失败学习	2.132	0.071	0.962	0.941	0.940
心理弹性	2.036	0.048	0.923	0.970	0.970
组织创新支持感	2.429	0.082	0.934	0.978	0.962
个体创新行为	1.690	0.033	0.991	0.973	0.952

(三) 描述性统计

表 4-3 为各主要变量的描述性统计结果。由表 4-3 可知，失败学习与个体创新行为呈显著正相关，相关系数为 0.371**；心理弹性、发展型绩效评价导向与新产品开发绩效均呈显著正相关，相关系数为分别为 0.310**、0.428**；心理弹性与发展性绩效评价导向也呈显著正相关，相关系数为 0.315**。

(四) 假设检验

采用多元逐步回归分析方法考察了各变量间的关系，并对提出的研究假设进行了检验。在进行回归分析之前，先对数据进行了标准化以及

表 4-3 描述性统计与 Pearson 相关分析 (N=903)

变量	均值	标准差	失败学习行为	心理弹性	组织创新支持感
失败学习	7.863	1.934	1		
心理弹性	8.379	1.023	−0.095	1	
组织创新支持感	18.566	0.822	0.142*	0.315**	1
个体创新行为	13.229	5.424	0.371**	0.310**	0.428**

注：* 表示 $p<0.1$；** 表示 $p<0.05$；*** 表示 $p<0.01$。

多重共线性检测，VIF 小于 4.5，即预测变量之间不存在明显的共线性问题，说明回归分析的结果是可靠的。

(1) 主效应检验。表 4-4 列出了回归分析结果。首先加入控制变量，发现性别、年龄对个体创新行为的影响显著，其他人口统计变量的影响均不显著；第二步加入失败学习（$F=27.9**$，$p<0.05$），模型 2 比模型 1 的解释力增加了 14%，研究假设 1 得到验证，即失败学习行为正向影响个体创新行为；第三步加入心理弹性和组织创新支持感，模型 3 比模型 2 的解释力增加了 2%。

(2) 心理弹性、组织创新支持感的调节效应检验。模型 4 加入"失败学习×心理弹性""失败学习×组织创新支持感""心理弹性×组织创新支持感"，二重交互作用均显著，回归系数分别为 0.33**、0.26* 和 0.24*，$F=25.1**$，$p<0.05$，模型 4 比模型 3 的解释力增加了 4%，研究假设 2 和假设 3 得到验证，即心理弹性、组织创新支持感分别增强了失败学习与个体创新行为间的关系，图 4-3 和图 4-4 分别给出了心理弹性、组织创新支持感的调节效应。从模型 4 中可看出，心理弹性×组织创新支持感的回归系数为 0.24*，$p<0.01$，初步说明了组织创新支持感对心理弹性的增强效应。

(3) 失败学习、心理弹性、组织创新支持感的三重交互检验。模型 5 加入"失败学习×心理弹性×组织创新支持感"的三重交互作用，回归系数为 0.25*，$p<0.01$，$F=24.4**$，$p<0.05$，模型 5 比模型 4 的解释力增

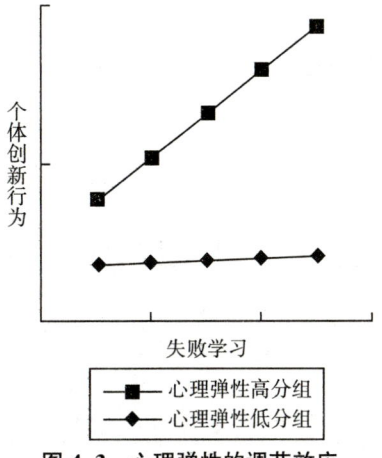

图 4-3 心理弹性的调节效应

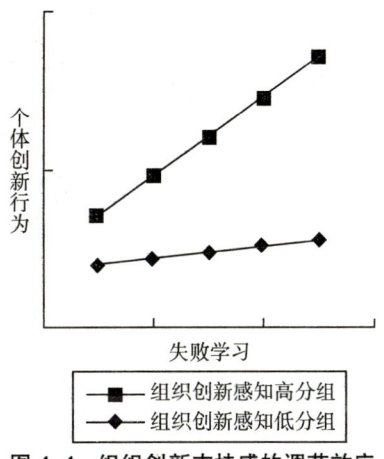

图 4-4 组织创新支持感的调节效应

加了 4%，假设 4 得到验证，即失败学习、心理弹性和组织创新支持感的三重交互作用对失败学习与个体创新行为间的关系具有显著影响。图 4-5 表示失败学习、心理弹性和组织创新支持感的三重交互效应。由图 4-4 可知，在心理弹性与组织创新支持感均高的情况下，失败学习与个体创新行为间的正向关系最强；在心理弹性与组织创新支持感均低的情况下，失败学习与个体创新行为间的正向关系最弱；在心理弹性高而组织创新支持感低的情况下，失败学习与个体创新行为间的正向关系要强于心理弹性低而组织创新支持感高的情况，说明当心理弹性与组织创新支持感同时作用于失败学习与个体创新行为间关系时，心理弹性调节作用强于组织创新支持感的调节作用，这一结论也可以从表4-4中的模型3看出，心理弹性的回归系数为0.20，而组织创新支持感的回归系数为0.18。

表4-4 回归分析结果汇总

变量	因变量：个体创新行为				
	模型1	模型2	模型3	模型4	模型5
控制变量					
性别	0.208*	0.149	0.112	0.107	0.103
年龄	0.236*	0.238*	0.122	0.123	0.113
教育程度	−0.007	0.017	0.048	0.046	0.039
工龄	−0.022	−0.159	−0.085	−0.083	−0.072
婚姻	−0.322*	−0.117*	−0.267**	−0.262**	−0.232**
主效应					
失败学习		0.360**	0.350**	0.370**	0.370**
心理弹性			0.200*	0.160*	0.170*
组织创新支持感			0.180*	0.150*	0.080
两重交互效应					
失败学习×心理弹性				0.330**	0.270*
失败学习×组织创新支持感				0.260*	0.190*
心理弹性×组织创新支持感				0.240*	0.290*
三重交互效应					
失败学习×心理弹性×组织创新支持感					0.250*
R^2	0.200	0.340	0.360	0.400	0.440
调整的R^2	0.160	0.290	0.330	0.310	0.340
R^2的差	0.200	0.140	0.020	0.040	0.040
F	4.710	28.620**	27.910**	25.120**	24.460**

注：* 表示 $p<0.1$；** 表示 $p<0.05$；*** 表示 $p<0.01$。

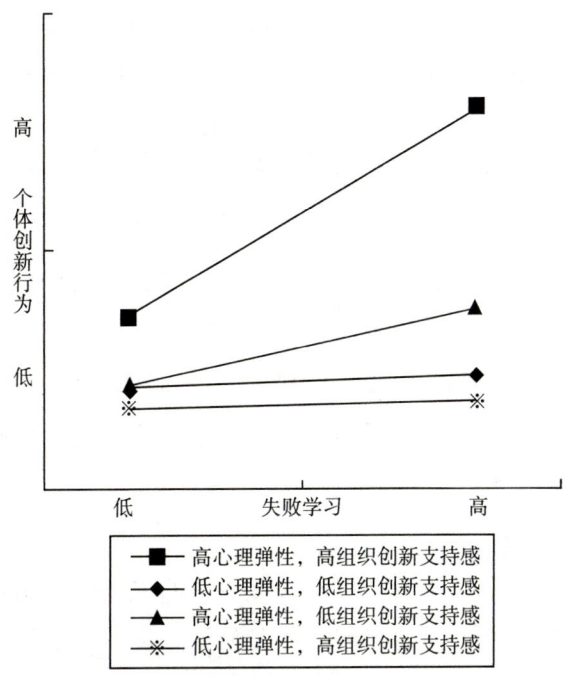

图 4-5　失败学习、心理弹性与组织创新支持感的三重交互效应

五、研究结论与讨论

(一) 研究结论与管理建议

本部分通过对 903 个研究样本的实证分析，得到三个主要结论：①研发人员的失败学习正向影响其创新行为；②失败学习与创新行为的关系受到个体的心理弹性水平和组织创新支持程度的正向调节；③心理弹性和组织创新支持感共同增强失败学习与创新行为间的关系。

基于社会交换理论与经验学习理论，从个体与组织的交互层面探讨了失败学习与创新行为间的关系，以及心理弹性和组织创新支持感对两者关系的影响机理，构建了全新的理论模型，拓展了经验学习的研究领域，具有一定的理论价值。

在实践中，结论对高新技术企业的创新活动与管理具有一定的指导意义。高新技术企业在激发研发人员的创新行为时，要正确对待创新过程中可能的失败，创造宽容失败的组织环境。当失败发生后要鼓励与引导员工进行失败学习，为失败学习提供条件与保障。在面对失败时应采取"风险偏好行为"和"结果导向（将失败视为可以解决的问题）"的态度，引导研发人员积极进行寻找最优解决方案的反省式学习，这种学习有利于发现或接受一个更好的策略（Argyris，1976）。企业要积极主动地对管理流程进行改善。员工能否从个体层面将失败的价值转化成为创新行为，在一定程度上取决于企业制度对创新的支持力度。在技术变化迅速的环境中，企业大多采用既有流程解决新问题，这种程序化的管理模式阻碍了员工的创新思维或行动，员工就难以主动进行失败学习，并从中学到提升创新绩效的关键知识。

（二）研究不足

本部分只考察了失败学习与创新行为间的关系以及情境因素的影响机制。个体从失败情景中学习的多寡与显著程度可能会受到失败的强度和来源等因素的影响（Cannon M D & Edmondson A C，2001）。从失败的强度来看，并不是所有的失败经验都能等效地促进失败学习或产生同等的作用。该问题存在两种不同的观点：一是"小失败论"，认为小失败更有助于个体学习；二是"大失败论"，认为个体从大失败中可以学习更多，因为小失败的后果并不严重，难以识别（Madsen P M & Desai V，2010）。从来源角度看，包括自身的失败和他人（或组织）的失败，这两种类型的失败学习对个体创新行为的影响也可能不一致。在后续研究中，应将失败的强度和来源进行具体分类并加以研究，所得到的结论会更有指导意义。

第四章 失败学习对个体创新行为的影响及治理机制

第二节 失败学习的价值创造与治理机制

一、问题的提出

以"大智移云"(大数据、智能制造、移动互联网和云计算的简称)为特征的"新工业革命"使得企业组织所处的环境正在发生着巨变。在此背景下,企业过去成功的经验往往可能是未来发展的瓶颈,因为企业的发展需要全新的思维模式、知识体系、能力结构与成长逻辑,从根本上来说,企业需要学习新的东西。正如 Peter Senge (2006) 指出的,未来赢得竞争优势的唯一源泉是比对手学习得更快。但是,在这个前所未有的环境下,并不存在现成的全新知识供企业学习,那么学习的对象从何而来呢?

历史的经验表明,已知的知识原来都不存在,尤其是发达国家掌握的前沿性的知识。这些知识都是发达国家通过一点一滴地试错,靠自身力量积累起来的,这种试错的过程实际上是向失败学习的过程,也是积累新知识、实现创新的过程。所以,在新环境下,企业必须以更加开拓的精神,大胆尝试,面对失败、容许失败、总结失败,向失败学习。与成功经验相比,失败经验可能更具有价值。如果在组织学习中,只侧重于向成功学习,虽然有利于固化企业现有的惯例,但固化的惯例会抑制创新,导致故步自封;同时研究发现,经验的价值不具有累积性,其会随着时间的推移而快速贬值 (Darr E D, Argote L & Epple D, 1995)。与成功经验相反,失败是创新过程中的客观现象,是组织学习的重要来源和知识载体,其更具有价值。

对中国企业而言,在新环境下坚持向失败学习具有更加特殊的意义。

一方面，改革开放以来，中国参与全球分工，取得了举世瞩目的成就，但也被"锁定"在全球价值链的中低端，过去的这些经验似乎很难让中国企业实现向价值链中高端延伸，必须认真总结学习过去成功经验中的失败部分，以指导未来的产业升级；另一方面，中国企业在全球价值链分工中，通过外方的技术溢出的确学到了不少知识，缩小了与先进水平的差距，但当这个差距缩小到一定范围后，要获得产业与关键技术的突破，通过学习国外现成的关键技术事实是不太可能的，我们必须进行自主的、点滴的试错，向失败学习，积累自己的核心技术知识。

近年来，学术界已经对失败学习进行了关注。2011年4月号《哈佛商业评论》围绕"从失败中学习"这个主题，探讨了失败学习对企业经营与管理的实践意义。Holcomb等（2010）的研究显示，组织可以通过反思自身的（或他人）失败行为而积累独特的知识。唐斯和努内斯（2014）认为，失败学习可以克服组织的"自我僵化"问题，有助于组织进行"大爆炸式创新"。中国学界和业界也开始关注失败学习的价值，关注点集中于创业领域的失败，研究了创业失败学习对结果变量的影响，以及产生影响的原因，如于晓宇（2013）、李雪灵（2014）等。但是这些研究主要集中于创业失败，均没有涉及失败学习的价值创造机制，更没有探讨如何构建促进向失败学习的机制。那么失败学习究竟是如何创造价值的，如何促进向失败学习呢？理清这些问题对中国企业实现管理、运营、创新的突破具有重要意义。因此，研究失败学习的价值创造机理与治理机制具有重大的理论意义与实践价值，研究这个问题也显得十分迫切。

二、失败学习的价值创造机制

"失败"在《现代汉语词典》中的含义有两种：一是没有达到预定目标，与"成功"相对；二是被对方打败，输给对方，与"胜利"相对。失败是指人们参与一个行为后，出现了不希望见到的结果，或没有达到预期的结果。失败与成功不同，它不能被拒之门外，而且几乎总引起人

第四章　失败学习对个体创新行为的影响及治理机制

们注意。但是，它很少被视作机遇的征兆。失败经常预示着基本的变革以及伴随着机遇。组织行为研究将失败界定为组织因在运营过程中出现失误和问题而未达到预期绩效目标，即预期目标和实际经营结果的偏离。失败可分为：好的失败和不好的失败。不好的失败主要指因个人的无知或组织的懈怠等原因造成的失败，这类失败本应该尽量避免；好的失败是指特殊形态的失败，即由事件的未知性引起的失败。失败学习即向失败学习，属于经验学习，一般的经验学习注重向成功经验学习，而失败学习的对象为"失败经验"，学习者通过对自身或他人的失败经验进行反思，获得对后续工作有用的信息与知识的过程。

创造价值是企业存在的目的之一。在"新工业革命"背景下，智力资本和财务资本是企业价值创造的决定因素，其中智力资本是企业价值驱动（Value Driver）的关键因素。组织学习或个体学习是提升智力资本的重要途径。组织学习是基于经验的学习，包括向成功学习和向失败学习，但一般组织学习更侧重于学习成功经验，而忽视失败学习。失败作为一种历史经验，也是学习的一个重要来源和知识载体。近几年，众多学界与业界的研究均表明，失败经验更有助于组织学习。部分失败的创新项目对企业后续的创新能力的提高具有"潜在收益效应"，"智慧型失败"可以给团队带来新的知识与价值。在动荡的环境中，失败学习是提升组织绩效的主要途径与方法（Cannon M D & Edmondson A C, 2002; Baumard P. & Starbuck W H., 2005; Carmeli A & Cittell J H, 2009）。失败学习可以为组织或个体获取稀缺资源和有价值的知识提供可能。与成功情景相比，失败更能让企业追求新的问题解决方法，实现突破创新，实现企业价值创造。企业利用失败学习进行价值创造有四种机制。如图4-6所示。

（一）反思自身失败，积累独特的隐性知识，丰富价值创造的机会

企业是一个各种异质性资源的集合体，企业价值创造的关键在于拥有独特的智力资本。失败作为一种历史经验，是学习的一个重要知识来

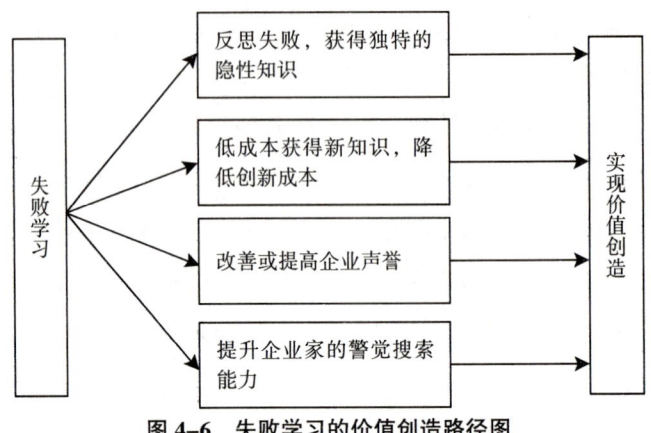

图4-6 失败学习的价值创造路径图

源和知识载体，失败中蕴含着一些独特的隐性知识，如果被挖掘出来，则可以形成或增加组织、个体的智力资本而实现有利于企业的价值创造。失败学习是行动与反思相结合的过程，通过反思失败行为可以积累独特的知识（Holcomb T R., Ireland R D & Holmes R M, 2009），因为反思是一个复杂的、他人无法模仿的心理过程，在该过程中存在新旧观念的碰撞、对与错的判断，非常容易产生一些独特的想法，即独特的隐性知识。通过失败学习不断获取的独特的知识正是企业实现价值创造、保持竞争优势的关键性资源。就失败的反思而言，有几个核心问题需要引起足够的重视。

（1）哪些失败具有反思的价值？在企业的运营过程中，大大小小的失败很多，但并非所有的失败事件都需要或值得学习。企业价值创造的主要源自新知识的获取。只有选择针对性的失败进行学习，企业才可能获得对后续创新有用的信息和知识，提升企业的智力资本，促进企业价值的创造。如果错误地选择学习对象，学习者不仅不能从失败学习中获得进步，还会消耗其时间和精力，甚至会影响后续失败学习的兴趣和动力。例如在"决定终止失败的新产品项目"中，有研究显示，基于"战略性终止"的失败最有利于学习，"欠考虑终止"和"创新倾向"在帮助学习者获得知识方面的作用非常有限。

（2）学习"大失败"还是"小失败"？失败按照严重程度及影响可以分为大失败和小失败。学习者从失败情景中学习到有效知识的多寡受到失败强度的影响。从失败的强度看，并不是所有的失败经验都能等效地促进失败学习或产生同等的效用。该问题有两种不同的观点：一是"小失败论"，认为小失败更有助于学习并获得有价值的信息和知识。二是"大失败论"，认为从大失败中可以学习到更多有用的知识（Madsen P M & Desai V，2010）。无论"大失败"还是"小失败"，只要学习者能从中获取对后续工作有价值的信息与知识，该学习就是有价值的。"大失败"是由无数个"小失败"构成的。同样，一个微小的"小失败"也可能导致"大失败"。失败成本很高的"大失败"并不利于学习行为发生。因为在"大失败"学习中，学习者面对导致失败的众多复杂因素时，会感到无所适从。在"大失败"学习过程中，学习者需要甄别出对自身有用的信息，而不是对所有的信息不加区分地进行学习。从本质上讲就是学习"小失败"，即对整个事件过程中的"关键点"进行学习。同时，在面对失败，尤其是"大失败"时，需特别警觉过度学习、过度搜寻等冗余的信息会消耗企业或个体大量的时间和精力。因此，在失败学习中，尤其是"大失败"学习中应遵循"非冗余性"原则。

（3）如何选择失败学习主体？当失败发生时，是组织事件的当事人进行学习还是进行全员学习？在实践中，当一个负面事件发生时，如发生食品安全事件，往往是全社会都开始关注食品安全问题，但并不能解决问题。就具体某个企业来说，当某一环节出现问题，就会组织全员进行讨论与反思，这些行为看似非常重视失败学习，但实际价值并不大。原因在于，这些现象往往只是一些表面上的教育与警示，不是真正意义上的失败学习。当失败发生时，该组织哪些人进行失败学习才能真正实现价值创造呢？企业应该针对具体的失败事件，选择与失败事件密切相关的员工进行学习，才能产生真正的价值。如针对创新项目的失败，失败是由技术问题导致的，只需要组织相关的技术人员进行失败学习，因为距离现场最近的人对问题最熟悉，其对失败情景中有价值的知识会更加敏感，其反思才更有价值。当然，个体在进行反思时应积极与工作团队成员交流。创新来源于差异化的信息和异质性知识的碰撞。在反思过程中，个体应与团队成员或工作伙伴一起探讨，更为有效。因为当个体思考遇到阻碍时，如果与其他人一起进行讨论和辩论，由于不同个体的学习风格、智力水平、知识结构和认知风格等不同，他人的建议或见解在与自己长期思考的问题发生剧烈的碰撞中，可能产生创新思维。

（4）如何选择学习时机？速度是失败学习实现价值创造的重要条件之一。当失败发生后，能否及时对失败进行学习，直接关系到失败学习的价值实现程度。失败是一种历史经验，是对历史经验的"回忆"，即"经历—推断—积累"的动态迭代过程。惰性是从经验中学习所面临的一大障碍。一旦事件发生很久，记忆或许是精确的，没有丝毫曲解，然而，回忆是懒惰的，对过去的事情尤其是令人不愉快的事件的回忆，会倾向于遗忘。以往的失败事件离现今越久、经验越复杂，失败学习者越不知道该如何反思或反思什么。所以，在学习自身的失败时应选择近期的失败事件，及时的学习可确保当事人及合作者对整个事件回忆的准确性，及时的学习比延后的学习效果更好。

（二）学习他人的失败，以低廉成本获得新知识，降低创新的成本

波特的竞争优势理论认为，低成本战略是企业获得竞争优势有三大战略之一。中国企业尤其是劳动密集型企业一直致力于以原材料与人力资本等资源禀赋而实行低成本战略，然而在新工业经济时代，这种优势正在逐渐减弱甚至消失，传统的低成本战略已无法使中国的企业保持领先优势了。在此情境下，创新成为企业保持领先优势的唯一战略，低成本创新逐渐成为学术界和企业关注的焦点。"低成本创新"指通过低成本的方式实现创新，并依托创新进一步降低成本。通过学习他人的失败，以低成本获得创新所需知识成为实现低成本创新的重要途径之一。

学习他人失败的好处主要有以下几点：①可以避免同样或类似的失败，提高决策的正确性。行为主义心理学的迁移理论（Transfer Theory）认为，当学习者和学习对象的特质相似时，学习者合理地运用此相似性，可以在决策中避免犯同样或类似的错误（Haleblian J & Finkelstein S，1999）。他人的失败情境与自身所处的环境越相似，开展失败学习的价值越大，因为信息的关联程度越高，共享知识越多，信息的判断作用越强，企业规避类似错误的概率越大。②外部失败经验可以扩展学习者的视野与学习的范围，丰富学习者的知识库。学习他人失败实际是一种跨界学习，跨界不同的行业、不同的领域、不同的文化可以使得原本不相干甚至不兼容的元素产生碰撞，获得连接，产生价值（罗珉、李亮宇，2015）。学习者通过学习他人失败中的有用经验，可丰富个体或企业的知识库，使知识库逐渐地呈现多样性、复杂性，这都将有益于创新及绩效的提高，获取失败学习的溢出效应。如果选择与自身失败经历相似的失败事件，可以实现资源（知识、能力）的兼容，兼容度越高，越容易产生正向迁移效应。然而，当学习对象与自身失败经历相异时，由于彼此的知识重叠较少，虽然协同不易，但在学习中可以实现资源互补，异质性的知识更有利于发现新机会，促进创新。③有利于降低学习者对失败的恐惧。学习者在学习与反思他人失败时，会认识到失败是发展中的客观现象，人人都会遭遇失败，从而缓解自身对失败的恐惧，提升失败学习的积极性和有效性（唐朝永等，2014）。恐惧失败的心理消除或减轻有利于个体在工作中进行更大胆的探索，即可以激发人的创新意愿或创新行为。④尤为重要的是，他人的失败经验是廉价的，学习者不需要承担失败的成本，只需通过观察和分析，便可获得他人失败经验中有效的知识与信息。此外，"大智移云"技术的加速运用，使得数据收集、存储、处理和连接变得更加容易，也克服了时空上的障碍，依托"移动互联"技术，学习者可以便利地获得学习对象的相关信息、沟通变得更容易、更便捷。

特别需要重视的是，尽管反思他人失败经验有助于企业或个体获取更多的知识和信息，在短期内能提升企业绩效，但企业若要保持长期的竞争优势，在学习外部失败的过程中更应注重自身能力的构建和积累，才能获得持续的创新能力。此外，在学习中还需要注意所选择事件发生或存在的客观情境，如中国企业在学习境外企业的失败事件中，特别需要注意两国之间的文化差异。学习者与学习对象之间的文化差异越大，学习者就越难了解学习对象的实际情况，学习的效果就会越低，甚至会带来负面影响。

（三）通过改善或提高企业声誉而创造价值

企业声誉的概念首先由亚当·斯密提出，企业声誉指社会公众对企业已经证明的创造价值的能力的认知（Fombrun C J，1996）。企业声誉是企业各种特征的复合体，是社会认可的无形资产，其具有难以模仿性和稀缺性，标志着企业比竞争对手具有更强的价值创造能力，有助于企业保持持续领先优势（金立印，2007）。企业声誉能够提升企业未来的资本市场价值，抑制企业负面信息的消极影响（周兰、李思奇，2015），公司声誉越好，其后续财务绩效越高（郑秀杰、杨淑娥，2009）。有研究表明，几乎所有的美国管理者都认为企业声誉是企业成功的最重要驱动因素之一。企业声誉的形成具有路径依赖性，是一个长期的过程。然而，一个产品伤害危机事件足以损害企业声誉并导致企业失去顾客的信任，甚至倒闭。如三鹿奶粉"结石门"事件、康师傅"水源门"事件、三株口服液、三全、思念、湾仔码头等企业的"病菌门"事件等。

当企业陷入负面事件时，企业信誉能够缓解公众以及利益相关者对负面事件的消极反应，重新获得公众以及利益相关者的支持与信任（方正、杨洋，2009）。①企业信誉尤其是道德信誉资本可使得利益相关者将负面事件归因于管理者的笨拙而非恶意，减轻对负面事件的反应，进而为企业重新获得公众的信任与支持提供可能。②当负面事件发生时，企业如果能够主动及时地承认错误，并积极予以解决，则可以获得公众的谅解。③声誉越高的企业，公众所能感知到的风险越低（汪兴东等，2012），企业采取主动响应策略，也会降低公众感知的风险（Vassi-likopoulou A & Siomkos G, 2009）。由此可见，良好的声誉意味着消费者对企业持有积极的态度。因此，企业在面对失败事件时，如果采取主动的、积极的态度，开展有效的、及时的失败学习，可以挽回或提升企业的声誉，从而改善企业的绩效。

（四）提升企业家的"警觉搜索"能力而实现价值创造

创新机会的发现不是一个计算优化过程，需要主动地"警觉搜索"识别他人发现不了的信息（姜卫韬，2012）。具有警觉性的企业家擅长收集信息或提取信息中隐含商机的线索，"精明估计"，快速识别潜在的机会（苗青，2008）。企业家对创新机会的警觉性可以实现企业价值创造，警觉性是认知能力的一种典型表现，敏锐的洞察力和创新机会意识是形成企业家警觉的认知基础，而企业家的失败学习是提升敏锐的洞察力和创新机会意识的有效途径。

关键性事件为企业家开展失败学习提供了实践的平台。关键事件是指在企业发展过程中出现的"突发性的"对企业发展有挑战性的事件，如重大危机、宏观经济政策变动等。企业家在处理和应对这些事件过程中可以获得隐性知识，隐性知识具有无法或者难以被他人模仿性，隐性知识水平的差异最终会导致企业家能力的差异，例如"警觉搜索"能力。关键事件失败能够刺激失败主体改变心智模式，激发其挑战性反思。如果企业家能够主动进行失败学习，其效果会远远高于普通员工，企业家有丰富的阅历，对一些关键问题的认识比一般普通员工要深刻得多，通过失败学习可以逐步建构新的经验。另外，在逆境和磨难中的学习对企业家的领导力的"淬砺"有非常重要的作用。在西方国家，人们把这种不畏失败并能从失败中学习的精神作为"企业家精神"的重要内涵。

企业家的"警觉搜索"能力对其创新机会识别、创新机会的开发都起着重要作用，但是并不是具有高"警觉搜索"能力的人就一定会抓住创新机会,他们也可能对识别的创新机会视而不见。企业家能否识别机会并做出好的开发决策是由其风险偏好和不确定容忍力所决定的。企业家的风险偏好和不确定容忍力与其对待失败的态度有关。如果害怕失败或不能正视失败,即使在发现机会时,也会因为对结果的不确定性或担心失败而放弃创新机会。如果企业家能够正确、客观地对待失败,将失败看成是可用资源、下一个创新的起点,则其发现创新机会的机敏性就能够为创新带来机会并付诸行动。所以说,企业家的失败学习不但有利于培养企业家的"警觉搜索",更有助于激发其创新价值的实现。

此外,在失败学习中,通过共同的反思、沟通及经验的分享等途径建立的个体间的信任,对于隐性知识传播、扩散具有特殊意义。当相互信任的组织成员开始进行信息和知识交换时,信任就成为竞争优势的一个重要来源。失败学习不一定能带来好的企业绩效,但在失败学习中培养出来的学习能力却是竞争优势的一个主要来源。

三、失败学习的治理机制

失败学习的目的是创造价值。然而,研究表明,中国大多数企业未能正确地认识失败并主动地进行失败学习,或开展了失败学习但未获得预期效果,甚至还因一些问题的不当处理产生负面效应。这与失败学习的相关治理机制的缺失存在一定的联系,失败学习价值的实现依赖于有效的失败学习治理机制。"治理"(Governance)概念源自古典拉丁文和古希腊语中的"掌舵"一词,原意是指控制、引导和操纵的行动或方式。在失败学习中,治理是指使相互冲突或相异的利益得以调和,并采取联合行动的持续过程。治理过程的基础是协调而不是控制,治理的终极目标是"善治"(Good Governance)。对企业的失败学习而言,合理而恰当的治理机制(Governance Mechanism)可以减少组织在失败学习过程中存在的问题,达到管理失败学习的目的。其既有利于组织统一管理或指导失败学习,使失败学习行为由被动行为变为主动自觉行为,又可以改善员工与企业之间的关系，使其在"雇佣关系"的基础上具有"共享关系"的特点，有利于促进失败学习的开展以及员工与企业共享失败学习的成果，也符合在"新工作革命"的发展趋势和要求中"共享"企业与员工间的新追求。

与一般的经验学习治理机制或组织学习治理机制相比，失败学习的治理机制有两个显著的特点。第一，学习的对象不同。失败学习注重从失败经验中学习，而一般的经验学习或组织学习强调向成功经验学习，很少关注失败经验。第二，学习者的情绪不同。反思失败与学习成功相比，前者对学习者情绪的影响更大。失败学习治理机制主要包括关系治理、知识治理和组织沉默治理三个方面，三个方面相互促进。为保证治理机制效用的发挥，需要设立专门的组织进行管理，如图4-7所示。

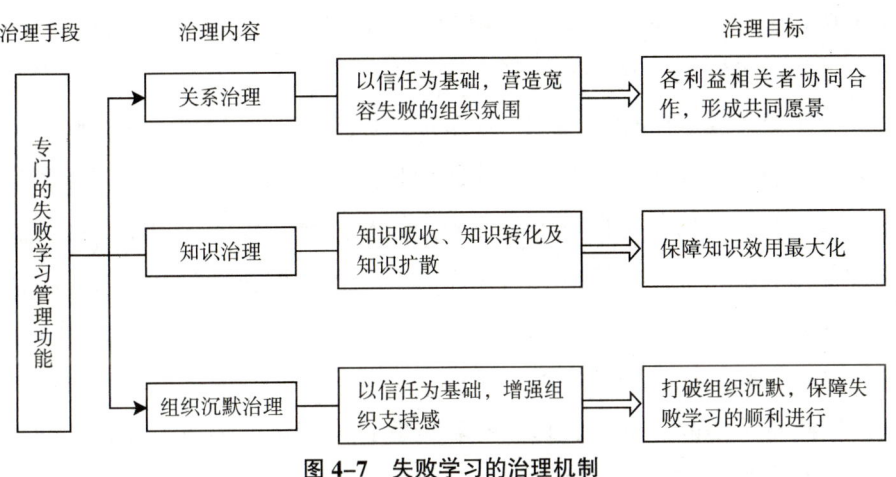

图4-7 失败学习的治理机制

（一）关系治理

关系治理的概念源自关系契约理论，是基于信任的治理方式，通常包括表达善意、建立信任关系、潜在的处罚机制等。失败学习中，关系治理主要包括组织间的关系、组织（领导）与成员间的关系以及成员与成员间的关系的治理，后两类关系是治理的重点。利益各方的关系会影响到对失败学习的认识与态度，进而影响到失败学习能否创造价值以及实现价值的程度。关系治理的目标是在各相关利益方之间构建以信任为基础的良好人际关系，消除或尽量减少影响知识流动、分享与整合的不利因素，以提高失败学习的有效性。组织中高质量的人际关系有利于发掘组织内部隐藏的危机，也有助于伙伴间能更加开放并充分利用各自的资源、专有技能及默会知识来讨论失败、反思失败，而不用担心一旦自己承认了失败会被其他成员嘲讽或被要求承担责任，或被组织惩罚等，更有助于打破组织沉默。

（1）信任是关系治理的重要基础。信任是非市场治理机制，是正式制度的一种有效补充。信任一是来源于制度性，称为一般信任；二是来源于非正式人际关系，称为特殊信任（罗家德、叶勇助，2007）。在中国社会中非常注重人情与面子，人际关系显得尤为重要和特殊，形成了一种特殊的信任关系，即基于非正式网络而形成的特殊信任。无论何种信任，都是对契约机制的一种补充。契约关系与非正式关系的有机整合可提高关系治理的绩效（Gulati R & Nickerson J A.，2013）。所以，在失败学习的关系治理中，既要建立基于契约的治理机制，也要建立基于信任的治理机制。首先，信任可以化解学习中的过程障碍。失败学习中存在着阻碍学习的因素，如过程障碍、文化障碍及组织结构与领导的障碍。信任对化解学习中的过程障碍具有正向影响，因为在整个失败学习过程中，信任关系有助于维持失败学习链条的存在与持续，预防某一环节出现问题，导致学习中断。其次，信任有利于非正式网络的形成。非正式网络是由具有互补知识的同事基于相近的兴趣、爱好或共同的情感所组成的非正式团体（Davenport T H & Prusak L H，1998）。在非正式网络中，强联结构能促使成员间发生频繁沟通和互动，增进情感和增强信任，并形成和谐的人际氛围，有效化解和避免失败学习中可能存在的人际冲突。基于信任而建立的关系，因其复杂的社会性和独特性，使得关系本身成为竞争对手无法模仿的竞争优势。

特别需要强调的是，在组织（领导者）与员工间的关系治理中，组织（领导者）应主动向员工伸出"橄榄枝"，因为在强调差序格局的中国文化背景下，员工与组织之间更倾向于情感性的交换，组织的各种制度都会影响员工的行为取向，如薪酬制度、绩效评价制度，尤其是组织对待"失败"的态度以及相关政策都会直接影响到员工对待失败的态度。作为失败事件的当事人，能否主动承认失败并反思失败，进而调整以后的工作，这实际上是一个博弈的过程。人们会根据其他参与人的行动引发的后验信息来决定自己采取何种行动，即遵循贝叶斯推理（Bayesian Reasoning）（张苏，2014）。失败事件的当事人或责任主要承担者是否会在失败学习的决策过程中进行博弈：选择失败学习是否比不选择失败学习更有利，如进行了失败学习，能否得到同事和组织的支持与理解、从失败学习中的获益是否大于付出等。

（2）宽容失败的组织氛围是失败学习的前提与保障。信息瞬息万变，创新在一定程度上就是一个不断试错的过程，在创新的道路上难免会遇到挫折与失败，作为企业组织要为员工营造一个宽容失败的工作环境，允许创新失败，引导员工正确对待失败与反思失败，从失败中吸取有用的信息与知识。对探索性工作中出现的差错与失败给予宽容与支持的组织氛围可以使成员间更友好、更信任，有助于集体对失败进行反思，集体反思有时比个体反思更有效。作为组织或管理者，通过设计制度来引发自私人的利他行为，还不如创造良好的工作氛围，让员工体会到更高水平的心理安全、自我效能感以及让"心理契约"更为合意。因此，组织（团队）中的容忍、宽容失败的氛围尤为重要。行为研究发现，人们的很多行为决策似乎违背了贝叶斯法则，使大量结果不符合贝叶斯纳什均衡，这种现象的出现并不是因为贝叶斯模型出了问题，而是因为贝叶斯推理没有具体考虑决策人的独特信念和心理契约等（Jehiel P，2005），如心理安全感和自我效能感。

（二）知识治理

知识治理指通过正式或非正式制度对知识管理等知识活动中的行为

进行激励、引导、规范和控制的组织安排，是知识管理活动的制度保障（李维安，2007）。有效的知识治理机制可以促进组织内的知识的共享和传播，提升组织知识管理活动的效率（张生太等，2015）。失败学习的知识治理是对失败学习中所搜寻到的知识进行治理。在失败学习过程中，所收集到的各种知识是企业价值创造的重要来源。异质性知识的互补性会创造价值或获取新知识，而同质性知识则有利于相同或相似情境问题的解决，降低解决问题的成本。之所以要对失败学习中的知识进行治理，原因在于：

（1）企业或个体从失败学习中搜寻到的知识与信息是多样性的、零散的，分布于不同成员之间。如果要使其在后续工作中发挥价值，就需要将这些零散的知识和信息系统化，将隐性知识尽量显性化，并在组织中流动。

（2）从失败中学习知识是繁杂的，不一定都是有效的，有些甚至会产生负面的效用，在使用中，需要对这些知识进行筛选，才能够发挥更大的作用。

（3）企业在知识治理过程中所创造出的和谐氛围，能为员工创造知识共享和经验交流的环境，有利于员工反思组织的问题并做出调整和优化，从而促进企业的失败学习。

个体层次的知识共享很难自发地发生，它受个人因素、认知水平和组织因素等相互作用的影响。为保障上述"知识吸收—知识转译—知识扩散"过程的顺利实施，需要注意以下几个问题：

（1）当个体选择知识共享时，其成本与收益成正比时，知识共享行为能够发生。个体在进行知识共享时需要付出成本包括传递成本、沟通成本和机会成本（商淑秀、张再生，2015），其中，机会成本是个体是否进行知识共享的最大障碍。企业需要激励个体主动进行知识共享，使个体觉得选择知识共享策略获得的收益大于选择不共享获得的收益。

（2）成员间的信任有助于共享。成员间彼此信任时，会更倾向于分享各自的资源,而不太担心失去自身优势(黄海艳,2014)。

(3)在企业管理中,可采取签订契约等具有法律效力的方式来约束成员间的行为,保证知识共享的利益分配的合理性和公平性,提升成员进行知识共享的意愿。

(4)学习者的吸收能力是保障其实现价值的重要条件。从失败中获得的知识为后续创新提供了可能,但知识是否能转化为企业的价值,取决于把知识转化为行动力的能力,即吸收能力。

(三)组织沉默的治理

失败是一个令人沮丧的事情,不断地与他人一起讨论失败更是一件令人不开心的事情。无论是组织、团队还是个体,都不愿意主动提及失败。在面对失败时,往往会出现集体沉默的情形,即组织沉默(Organizational Silence)。组织沉默指组织中的大多数成员在面对组织中存在的问题时不发表看法,有意保留自己观点的行为。根据员工保持沉默的内在动机,可将沉默分为:默许性沉默、防御性沉默和亲社会性沉默。面对失败的沉默一般属于防御性沉默,即员工由于担心主动承认失败或提起其他员工的失败可能会导致对自己不利的后果而选择沉默。

学界和业界都一致认为,组织沉默的负面影响极大(陈开成,2010)。安然倒闭的惨剧就是组织沉默极端状态下的一个最好的例子。在事发之前,公司内大部分的员工都已经意识到公司在财务方面存在着巨大的风险,但几乎所有的知情者都选择了沉默,结果公司付出了倒闭的代价。因为组织沉默限制了信息的上行沟通,压抑了多元化和多样化的信息、有分歧的观点,尤其是阻碍负面反馈,负面不利的信息被隐瞒或难以传递,从而降低组织的纠错能力,不能及时采取措施制止,使错误一直持续下去并不断扩大(沈选伟,2008)。此外,组织沉默对组织的学习过程有着严重影响,由于员工保留对组织问题的观点和信息,使组织丧失了很多从失败中获得有用信息的机会,减少了创新的机会。更为糟糕的是,管理者可能未意识到他们对信息的缺乏,并把这种沉默理解为组织和谐和成功的表现。组织沉默产生的原因主要有三个方面：

（1）管理者恐惧负面反馈。当人们在接收到负面反馈时，不管这种信息是关于其个人的还是其所确定的行动，人们总是会感受到威胁而试图避免接受负面反馈；或当他们收到负面信息时，质疑其可信性。这种恐惧在管理者中表现得尤为强烈，使得他们总是尽可能避免来自下属的负面反馈，从而将来自于下属的负面反馈视为不合理且对管理者权力产生巨大的威胁。谢俊等（2012）研究显示，华人企业中的主管为了保持其权威的形象，会选择刻意与下属保持一定的距离。倘若地位较低的下属贸然向上级主管建言，尤其是指出上级的失败则是跨越了上下级之间应有的距离，而被认为是对主管权威的冒犯。因此，当失败是由决策失误造成时，决策者本身就不会主动去提及失败，更谈不上让组织成员进行失败学习。

（2）权力距离差异大也是导致组织沉默的重要原因。权力距离（Power Distance）是指一个社会或系统可以接受权力分配不平等的程度。在个人层次，指在组织和机构中个人接受权力不平等分配的程度。权力距离较低时，员工感知到与主管之间的情感差距较小，容易从与主管沟通中获得信息与建议。当组织中大部人的权力距离较高时，下属较不情愿与主管直接交流，更愿接受从上至下的垂直权威管理体系。在强调身份地位的文化中，主管与下属身份存在较大的差距，以致下属需要花费更多的努力从主管处获得反馈信息。当主管认为下属的反馈寻求行为是对权威形象的冒犯时，下属的反馈行为将导致主管面子的丧失。

（3）"沉默效应"（Mum Effect）的作用。个体不愿意告知他人负面消息是其会因为成为"坏消息"的传播者而感到不安（张霞，2007）。员工担心发表意见会有不好的结果或认为发表意见不会产生作用和影响。风险性是导致组织沉默的重要因素之一。沉默是一种自我保护的行为方式。员工是否选择沉默行为取决于感知到的工作群体内部对问题的态度，如果员工相信自己提出的观点和见解能够得到同事们的支持，就倾向于进谏，反之，则选择沉默（赵庆杰，2013）。依据合理行动理论，个体行为意向的一个重要决定因素是个体如何评估该行为带来的结果。所以，个体是否对自己或他人的失败主动提出看法，主要取决于该行为的成本和收益的感知。如果员工预期该行为能够带来正面的和积极的结果，就会更加愿意从事该行为；否则，会削弱采取该行为的意向。

作为高权力距离导向国家的一个典型代表，中国文化认同沉默是金，强调上级对下级拥有绝对的支配权，未经允许下级不得越权向上级提出异议。因此，在中国文化情境下，员工知而不言显得更为普遍和习以为常。管理者因素是组织沉默的重要根源。要打破组织沉默，首先，要建立以信任为基础的组织文化（高峰，2013）。信任是社会交换的基础。当员工对组织缺乏信任和认同时，就会产生防范和自我保护的沉默行为。反之，信任可以让沉默者不再沉默（李超平、鲍春梅，2011），愿意指出他人工作中的失败，或主动承认自己的失败，从而为失败学习提供可能。其次，要提升失败学习者的组织支持感。在员工的组织支持感较低的情况下，员工会为了心理安全，通过不发表意见来避免人际隔阂，实现自我保护，从而导致防御沉默的产生。

在学习过程中，引导和鼓励失败学习者将失败学习与实际工作联系起来。例如，在新产品开发失败的学习过程中，如果在后续新产品开发中不弄清创新失败的原因，那么创新失败修复与学习就失去了实践意义（杨红英、徐跃明，2016）。此外，要合理配置相关的资源，防止资源配置扭曲，鼓励员工合理利用各种资源，有效控制失败成本，促进连续创新。

（四）专门的失败学习管理功能

企业失败学习的专门组织机制是企业实施失败学习战略成功的关键。在企业内部表现为实施失败学习治理及管理的组织安排，包括专门岗位或专门部门（刘雪梅，2012）。这种组织安排可以起到以下四个方面的作用。

（1）在机制上落实失败学习战略的实施。专门的失败学习管理机制可以保持失败学习成为一种常态，提高失败学习的效率等。通过设计团队失败学习机制，营造失败学习的文化氛围，完善失败学习的共享信念，反思现有工作的行为模式。

（2）便于积累失败学习的经验，从而提高失败学习的能力与效果。失败学习的经验可以为后续的失败学习提供参考与指导，避免经验学习陷阱效应和经验学习误区效应。

（3）有利于扩充企业的知识库以及知识的整合与转移。企业或个体在内部失败学习或外部的失败学习中，通过知识搜寻获得多样知识。但是，多重来源的知识或简单或繁杂，若不把这些知识系统化，尤其是不能重构隐性知识，也就不能提升竞争优势。

（4）专门的失败学习管理功能可对不同渠道的知识进行整合，尽可能地编码，形成工具，在组织内进行复制及传播，有效提升自己。

四、结论与启示

本部分在文献综述的基础上，基于组织学习理论、知识管理理论、社会交换理论、博弈论的角度分析了企业层面失败学习的机制及治理机制。研究结论如下。

（1）失败学习创造价值有四种机制：失败学习通过反思失败获得独特的隐性知识；利用外部失败，以低成本获得独特的隐性知识，为低成本创新提供条件；失败学习通过提升企业家的"警觉搜寻能力"提高其识别创新机会的能力；失败学习通过改善或提高企业声誉创造价值。

（2）为保障失败学习的有效开展，使从失败中获得的知识能在后续工作中发挥作用，企业需构建有效的失败学习治理机制：关系治理机制、知识治理机制和组织沉默治理。

基于上述研究结论，企业应该设立专门的失败学习管理部门来保障失败学习的有效开展及其价值的实现。企业失败学习的专门组织机制是企业实施失败学习战略成功的关键。在企业内部表现为实施失败学习治理及管理的组织安排，包括专门岗位或专门部门。这种组织安排可以起到以下作用：①在机制上落实失败学习战略的实施。专门的失败学习管理机制可以保持失败学习成为一种常态，提高失败学习的效率等。通过设计团队失败学习机制，营造失败学习的文化氛围，完善失败学习的共享信念（查成伟，2017），反思现有工作的行为模式。②便于积累失败学习的经验，从而提高失败学习的能力与效果。

上述研究仍存在一些不足之处：仅对失败学习的机理以及治理机制进行了理论分析，没有结合具体的实践进行分析，在后续研究中，拟选取典型案例来验证上述理论分析的可靠性。

第五章
服务型领导风格、工作满意度对研发团队创新行为的影响

波特（Porter，2001）指出，未来企业必须具备"全球级创新"的能力。创新已取代了比较优势成为世界经济竞争的基础，企业不再依赖于对稀缺资源的占有，而是通过新技术、新产品的研发获取竞争优势（王燕夷、彭灿，2012；张光磊、刘善仕、彭娟，2012）。在经济转型和社会发展进入新阶段时期，"如何激发创新行为"已成为当前管理实践和理论研究的热点问题。管理实践中，许多组织为创新人才提供了大量的资金、设备、场地等"硬环境"的支持，进行创新激励，期望激发员工更多的创新行为。但组织所期望的"全员创新热潮"却没有出现，究竟是为什么呢？

战略理论强调领导风格对组织创新的决定性影响。领导行为对企业与员工都有重要的影响（王辉等，2006），而什么样的领导行为有助于提升员工创造力，仍处于探索阶段（魏峰等，2009；Zhang & Bartol，2010）。大多数学者在研究领导风格与创新绩效之间关系时，更多的是关注变革型领导风格与创新以及创新绩效之间的关系，例如，宋小婷等（2018）认为，在变革型领导与员工成就导向的关系中，领导的鼓舞性激励对员工成就导向的影响最大，理想化影响力的影响作用最小。Aftab等（2018）对变革型领导对知识型员工创造过程参与的影响进行了研究，发现变革型领导有利于引导员工做出创造性过程参与的行为，且会增强其内在动机；内在动机对创造过程参与有积极影响，并在变革型领导和创造过程

参与之间存在中介效应。大多研究结论支持变革型领导风格与创新绩效之间呈正相关（Bass，1999；王凤彬、陈建勋，2011；陈晓红、王思颖等，2012；王灿昊、段宇锋，2018）。此外，荣鹏飞等（2018）的研究结果表认为，CEO 放任型领导风格对企业技术创新绩效具有显著负向影响；CEO 交易型领导风格和 CEO 变革型领导风格对企业创新绩效具有显著的正向影响。孙永磊和雷培莉（2018）的研究认为，变革型领导风格更有利于促进新颖程度较高的创造力产生，而交易型领导风格则不利于新颖性的创造力产出的实现。

而服务型领导理论作为一个组织管理领域新提出的理论也受到一定的关注。例如，张宗贺、刘帮成（2018）探讨了公共部门的服务型领导影响员工责任行为的过程机制，结果发现，服务型领导对责任行为具有积极影响。田启涛（2018）的研究认为，服务型领导有效促进了员工工作重塑行为；员工心理授权在其间起到完全中介作用。服务型领导是一种超越领导者个人利益的领导行为或领导方式，这种领导尊重追随者个体的尊严和价值，并把服务他人作为第一要务，以满足追随者的生理、心理和情感的需求。目前，西方学者已经对服务型领导力进行了深入的理论研究，开发了测量工具，构建了一些理论模型，并在此基础上对服务型领导力和组织行为学领域的相关变量进行了实证研究。从国内的文献分析来看，学术界对服务型领导的实证研究尚处于起步状态。服务型领导行为在中国的高权力距离文化情境下的作用机制尚不清楚，尤其是服务型领导行为对于员工创造力的中介机制和边界条件亟待探讨（买热巴·买买提、李野，2018）。因此，非常有必要在中国背景下研究服务型领导对创新的影响机制与路径，为服务型领导理论提供更多的实证支持，为中国企业的创新提供新思路和参考。团队是解决组织问题、进行创新活动的行动单位，企业创新的关键基础是团队的创新。基于上述分析，本部分拟以研发团队为研究对象，探讨服务型领导作用于团队创新行为的机制与路径。

第五章 服务型领导风格、工作满意度对研发团队创新行为的影响

一、理论基础与研究假设

(一) 服务型领导

服务的理念在中国历史久远，儒家提出"君贵民轻""君主应以仁心治天下"。兵家提出要"视卒为爱子"。孙中山先生提出的公仆思想和民权思想也体现了"服务"；邓小平更是提出了"领导就是服务"的要求；企业家马云也提倡"和员工一起分享成功果实""尊重员工，让员工感受到你欣赏的目光"（朱甫，2011），这些都表明成功的要素是服务于员工，收起自负，尊重员工，也就是一种服务型领导思想。华为CEO任正非提出"灰度管理"思想，否定管理"非黑即白"的思想，认为在管理方式上，管理者既要严格要求下属，也要为下属提供服务。

服务型领导也称为公仆型领导，学术界尚未对此形成一个公认的定义。服务型领导的概念最初是由美国电话电报公司（AT&T）前管理研究总监Robert. K. Greenleaf提出，Greenleaf（1977）认为，伟大的领导者都是把服务他人、服务组织、服务社会置于自身利益之上，并把"服务"作为其核心特征，认为服务型领导包括多种构成要素，并指出妥协、主动性、预见等12个方面的构成要素。

目前，学者们普遍认为服务型领导是一种超越领导者个人利益的领导行为或领导方式。Russell（2001）认为，服务型领导者关注的是服务他人而不是自己被服务，他们把领导职位看成是支持和协助他人发展的机会。Whetestone（2002）指出，服务型领导者尊敬地对待每个人，并意识到每一个人都值得被关爱，而对下属的关心不应仅仅是公司财务成功的工具。亨特（Hunter，2005）认为，服务型领导的概念应该从领导者的人格启迪、影响力和技术三个方面进行解析。他认为服务型领导不仅拥有人们信任的人格、对追随者有明显的影响力，而且也拥有使团队朝着共同目标前行的技术。齐朝乐（2012）将公仆型领导力定义为，以下属的需求发展为出发点，通过在组织内为下属创造机遇和增加下属的自主权，

帮助员工成长，促进组织进步的服务式领导力。

对服务型领导的测量，不同学者的观点差异较大。Russell 和 Stone（2013）把服务型领导的结构分为功能性属性和伴随性属性。Patterson（2003）认为，服务型领导由博爱、利他主义等7个维度构成。Ehrhart（2004）借助学生样本，开发出包括下属培养关系、授权、帮助下属发展和成功、行为道德等7个维度的测试量表。Barbuto 和 Wheeler（2006）利用管理者—员工配对采取的样本进行研究提出，服务型领导包括利他主义、情绪抚慰、智慧、说服引导和社会责任感5个维度。国内学者汪纯孝、凌茜等（2009）对200多名员工的调查分析发现，尊重下属、关爱下属、乐于奉献、指导下属工作等11个维度共同构成服务型领导。周建明和阮超在文献梳理的基础上提出服务型领导是由授权、情绪关爱、服务精神等5个方面构成（周明建、阮超，2010a、2010b）。

尽管国内外学者对服务型领导的基本结构持不同观点，但大家普遍认为服务型领导是一个多维概念而不是单维概念，至少要涵盖愿景、服务精神、同理心、信任、利他、授权等内容。Dennis 和 Winston（2003）认为，服务型领导由授权、服务和愿景激励三者构成，并编写了一份23个项目的量表。Liden 等（2008）认为，服务型领导应当包括9个维度，其研究通过对298名测试者获取的数据进行因素分析，得出授权和帮助下属成长、情感抚慰、概念化技能等7个因素，再在7因素模型的基础上进行分析，最后得出一份28个项目的量表，最后，Liden 和 Wyane（2008）对7因素模型和28个项目的量表进行了检验，结果表明7因素模型的7个因素和28个项目的量表分别具有从0.78至0.97的较高相关性。汪孝纯和凌茜（2009）最早根据中国情境编写了服务型领导的量表，该量表的具体因子包括尊重员工和关心员工等11个维度，共44个条目，每个维度的信度均在0.89~0.99。

关于服务型领导的研究主要从社会交换视角、匹配视角或公共服务动机视角出发，研究发现，服务型领导对员工的态度和行为（van Dierendonck，2011；Carter & Baghurst，2014；Chiniara & Bentein，2016；Neubert，Hunter & Tolentino，2016；Bao Li & Zhao，2018；于海波等，2014)、团队承诺和团队效能（Mahembe & Engelbrecht，2013；李梓涵昕，2011)，以及组织文化和组织绩效（Yoshida，Sendjaya，Hirst & Cooper，2014；赵红丹、彭正龙，2013）等不同层次的变量都有显著的影响。另有少量文献研究了影响服务型领导与员工行为、绩效等关系的调节因素（林钰莹等，2015；许灏颖、王震，2016)。例如，胥彦和李超平（2018）通过对345名员工问卷调查的数据进行分析，验证了服务型领导与建言行为之间的正向关系，以及领导信任在二者之间的中介作用。

（二）服务型领导风格与团队的创新行为

战略理论强调领导风格对组织创新的决定性影响（卢嘉等，2001；陈艳艳，2018)。领导者的行为会影响员工的态度，而员工的态度会影响员工的行为。工作态度作为领导行为和员工行为之间的中介变量，是从员工的心理上对工作行为产生比较隐蔽的内在影响。对工作感到满意的员工会把工作做得更好，形成良性循环。在对工作感到满意的情况下，员工会有积极的情绪和心态，自发的利他行为和有利于组织的行为就会增多，包括创新行为。罗瑾琏等（2015）认为，谦卑型领导更能处理好与员工的关系，其管理行为能让员工工作满意度和工作绩效都更好。

服务型领导者具备尊重员工、关心员工、帮助员工成长、优先考虑员工等品质，此时，员工感到自己被重视与关心，这会大大提高他们工作的积极性。服务型领导对下属的影响主要分为对员工态度、行为和效能的影响。服务型领导相对于任务导向型领导给员工授权、为员工服务、信任员工，员工获得了较高的自由度，给予员工很大的发展空间，更有益于员工提出更有创新性的活动。

Joseph 和 Winston（2005）提出，在服务型领导的领导下，员工对组织和领导的信任会大大提升，在服务型领导下，员工的需求更容易得到满足，根据互惠原则，员工会更加信任领导和组织，因此员工更乐于为组织工作。例如，Neubert 等（2008）的研究表明，服务型领导力比任务型领导力更利于促进下属的助人行为和创新行为。服务型领导有助于员工的建言行为（胥彦、李超平，2018），能够激发员工为创新出谋划策。服务型领导对员工主动行为有积极影响（罗晶，2018）。王震等（2018）研究认为，服务型领导通过提升员工的服务创新能力、动机和机会进而提升其服务创新水平。基于以上文献和分析，本部分提出假设1：

H1：服务型领导风格与团队的创新行为呈显著正相关，即团队领导的风格中服务的特质越多，团队成员呈现出来的创新行为越多。

（三）服务型领导风格与工作满意度

员工满意度首先由 Hoppock 于 1935 年在著作《工作满意度》中提出。他认为员工满意度包括员工生理和心理两个方面，主张以员工感情动机和社会影响为切入点，观察员工对工作的主观情绪反应，认为工作满意度指员工对所处工作环境及所从事工作在心理和生理上的满意体验，即员工对工作情境的主观情绪反应（Hoppock，1935）。Locke 等（1986）认为，工作满意是个体从评价自身的工作达成或帮助达成工作价值而带来的情绪状态。Tiiu Kamdron（2009）认为，员工满意度是个人对其当前的工作角色所持有的一种情感倾向。科特勒等认为，员工满意度源于个体对自身工作产出与其原有期望所进行的比较，是预期效果与期望差异的函数。

中国学者张黎莉（2005）将工作满意度概念归纳为三种类型：①整体型概念。该观点认为工作满意度是单一概念，是员工对其工作及相关环境所持有的一般态度，不涉及工作满意度的形成过程及其原因。②原因型概念。该观点侧重于工作满意度形成的原因，认为工作满意度是个体需求得到满足的结果。③要素型概念。该观点认为工作满意度由多种要素构成，取决于个体对其工作构成各要素的认知评价和情感反应（张黎莉，2005）。

本部分认为，工作满意度是员工的一种情绪状态，是对工作的整体感受。根据赫茨伯格的双因素理论，让员工在工作中体验成就感、认同感、责任感等能够促使其产生满意感。工作满意度与管理者的领导风格密切相关（邢占军，2001；卢嘉等，2001）。领导因素是影响员工工作满意度的重要因素之一。不同的领导行为和领导方式对员工的满意度有重要的影响。一般情况下，以人为中心而不是以工作为中心的领导风格更能提高员工的工作满意感。服务型领导对于组织建设和员工工作积极性有一定的正向激励作用，能够有效满足员工在工作上的各种需求（Walumbwa et al.，2010）。有研究显示，在所有领导风格中，服务型领导是最容易提高员工工作满意度的领导风格（邓志华、陈维政，2012）。服务型领导把无私地服务他人放在第一位，通过构建一种信任的、支持性的组织文化来培育员工的创造性和主动性，从而促使组织成功。"服务"能正向地改变人际工作关系和组织生活，形成一种服务他人的组织文化，最终影响员工的态度、工作行为及组织绩效（Russell & Stone，2002）。

服务型领导带领的团队中，管理者和员工将有较高水平的工作满意度（Dennis & Winston，2003）。Barbuto 和 Wheeler（2006）、Washington（2006）等认为，服务型领导与其他领导风格最大的区别在于他是以员工为中心的领导方式，因此会极大地提升员工的工作满意感。吴维库和姚迪（2008）的研究也表明，服务型领导行为与员工满意度正相关。邓志华等（2012）研究发现，服务型领导比家长式领导更能提高员工的工作满意度。Cerit（2009）、邓志华等（2012）的研究也证实了服务型领导对工作满意度有正向影响。服务型领导行为可以提升员工的心理安全感，进而提升员工工作满意度（买热巴·买买提、李野，2018）。基于以上文献和分析，本部分提出假设2：

H2：服务型领导风格与工作满意度呈正相关，即团队领导的风格中服务的特质越多，员工感知到的工作满意度越高。

（四）工作满意度对服务型领导风格与创新行为关系的中介作用

领导者的行为会影响员工的态度，而员工的态度会影响员工的行为。

工作态度作为领导行为和员工行为之间的中介变量,是从员工的心理上对工作行为产生比较隐蔽的内在影响。例如,买热巴·买买提和李野(2018)从领导过程归因理论出发,认为员工会对服务型领导行为进行积极归因,产生较高程度的心理安全感,最终激发员工的创造力。服务型领导因为具有无私、谦卑的品质,他们在工作中会主张适当地将权力下放,让下属拥有自由掌控和发挥的权力,并在资源分配和人际互动过程中对下属一视同仁,这些都有助于提升下属的工作满意度(Brown et al., 2005)。根据领导过程归因理论,员工对领导的行为进行积极归因之后可以产生心理安全感这种积极的心理体验,进而对于领导行为以及领导行为背后的动机做出有效的反应(Martinko & Gardner, 1987; Martinko et al., 2007)。依据布劳的社会交换理论,当员工对工作感到满意时,他们会努力工作,自发的利他行为和有利于组织的行为就会增多,以更好的绩效回报组织。即服务型领导可能会通过提高员工的工作满意感来提升员工的创新行为。因此,本部分提出假设3:

H3:工作满意度对服务型领导风格与创新行为的关系起中介作用。

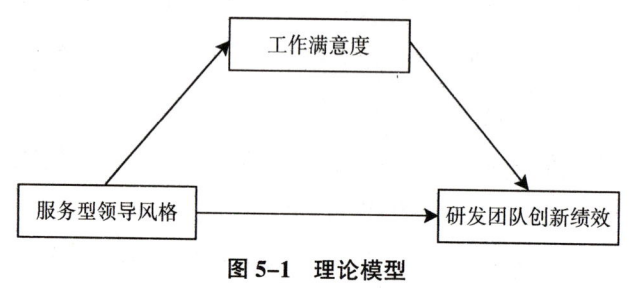

图 5-1 理论模型

二、研究方法

(一)调查程序与样本结构

本次研究的对象主要来自南京和苏州的17家企业中的以研发工作为主的团队,行业主要包括软件产业、水利科学研究、新材料研发。所调查的团队有250个,团队人数在3~20人不等,有些团队成立时间比较长，相对稳定；有些是以任务为中心的临时团队。共计发放问卷1800份，问卷的发放主要包括现场发放、邮寄电子邮件方式。服务型领导行为的测量主要采用团队负责人的自评和团队成员的测评相结合的方法，如果团队负责人没有参与填写，则该团队被剔除。团队的创新行为的测量和工作满意度的测量主要由团队成员进行填写，团队负责人作为个体参与问卷的填写。回收1138份，剔除了部分不合格问卷，主要是问卷填写不全的问卷。同时，也剔除了同一团队中回收的问卷数量低于团队人数的一半的团队。

按照上述标准，整理后的有效团队样本为221个，其中相对稳定的团队有153个，占样本总数的69.2%，以任务为中心的临时团队有68个，占30.8%；研究对象中，男性有751人，占研究总样本量的64.0%，女性381人，占34.0%；研究对象中30岁及以上的有683人，占样本总量的60.0%，30岁以下的有455人，占40.0%。

（二）测量工具

（1）服务型领导风格。服务型领导风格的测量采用孙健敏和王碧英（2010）对Barbuto和Wheeler（2006）开发的量表修订后的问卷，包含情绪抚慰、理性说服、利他导向、智慧启迪、社会责任5个维度，每个维度3个条目，共15个条目。所有题目采用Likert5点量表进行衡量，从"1（非常不同意）"到"5（非常同意）"。

（2）工作满意度。明尼苏达工作满意调查表（Minneesota Satisfaction Questionnaire，MSQ）由明尼苏达大学Weiss等最早提出，是研究员工满意度的较权威量表，包括长式和短式两种量表。其中，长式量表包括100个题项，测量员工20个工作方面的满意度；短式量表包括20个题目，测量员工的内在、外在满意度及一般满意度。

工作描述指数（Job Descriptive Index，JDI）是由Smith等（1969）心理学家设计，主要用于测量员工对工作本身、薪酬、晋升、管理者及同事5个维度的满意度。每部分由9~18个项目组成，各项目设不同分值，通过员工回答，可统计员工对各个项目的满意度。本章的工作满意度问卷基于本章的目标以及研究内容的特点，依据 Smith、Kendall 和 Hulin（1969）所发展出来的工作说明指标（Job Descriptive Index，JDI）衡量。问卷由 5 个题目构成，全部为正向题目，所有题目采用 Likert 5 点量表进行衡量，从"1（非常不同意）"到"5（非常同意）"。

（3）创新行为。本部分采用 Scott 和 Bruce 开发的量表，由 6 个条目构成。各变量题项均采用 Likert5 点量表进行测量，从"1（非常不同意）"到"5（非常同意）"。

本部分中所使用的 3 份问卷均为成熟问卷，在前人的研究中多次使用，故本次研究中没有对问卷进行效度检验，只进行了信度检验。本部分采用内部一致性法，以 Cronbach's α 系数来检测变量的信度。3 份问卷的信度均在 0.75 以上，符合研究的需要。

（三）分析方法

采用 SPSS16.0 软件进行描述性统计和相关性分析，以及运用回归分析法分析了服务型领导行为、工作满意度及创新行为之间的关系。

三、研究结果

（一）同源方差检验

在问卷调查时，因每份问卷均由同一人填写，容易出现同源偏差（Common Method Variances，CMV）的问题。本部分采取 Harman 的单因子检测方法，即对问卷所有条目一起做因子分析，在未旋转时得到的第一个主成分，反映了 CMV 的量。在本部分中，将问卷所有条目一起做因子分析，在未旋转时得到的第一个主成分，占到的载荷量是 16.67%，并没有占到多数，所以同源偏差在可以接受的范围内。

（二）团队数据的整合检验

由于本部分的对象是团队，所有变量的测量数据都是来自于个体，由个体数据加总得到团队数据，加总的前提条件是团队内部成员对于团队现象的评定具有很高的相似性。在将数据计算成群体平均值之前，需要考察群体内部一致性系数 R_{wg} 是否达到可接受标准。本章根据詹姆斯等的公式，计算了各个团队的 R_{wg}，结果显示 R_{wg} 在 0.72~0.83 间，均超过 0.70 的临界标准。因此，可将个体层面的数据转换成为群体层面数据进行分析，即说明将各个团队成员评价的变量加总到团队水平是合理的。

(三) 变量的描述性统计与相关性分析

利用 SPSS18.0 软件对问卷数据进行描述性分析和相关性分析，具体数据如表 5-1 和表 5-2 所示。由表 5-2 可见，服务型领导风格与工作满意度之间的相关系数为 0.726**，呈正相关，工作满意度与创新行为之间的相关系数为 0.422**，呈正相关，服务型领导风格与工作满意度之间的相关系数为 0.308**，呈正相关。假设 1、假设 2 和假设 3 得到验证。

表 5-1　各变量的描述性统计

	最小值	最大值	均值	标准差
服务型领导风格	9.00	31.00	18.02	5.37
工作满意度	15.00	69.00	43.69	11.51
团队的创新行为	7.00	27.00	16.98	4.33

表 5-2　各变量间的相关系数

	服务型领导风格	工作满意度	创新行为	团队的类别
服务型领导风格	1			
工作满意度	0.726**	1		
团队的创新行为	0.308**	0.422**	1	
团队的类别	−0.133*	−0.103	−0.003	1

注：* 表示 $p<0.05$；** 表示 $p<0.01$。

(四) 员工工作满意度的中介效应检验

对中介效应的检验主要参照了 Baron 和 Kenny 提供的检验中介作用的步骤和判断条件。具体的步骤及判断条件如下：第一步，自变量的变化能显著解释中介变量的变化，即中介变量对自变量进行回归，回归系数应该显著；第二步，自变量的变化能显著解释因变量的变化，即因变量对自变量进行回归，回归系数应该显著；第三步，控制了中介变量之后，自变量对因变量的影响应等于零，或显著降低，同时中介变量对因变量的影响显著不为零，即自变量和中介变量同时进入回归方程，自变量的回归系数显著下降，且中介变量的回归系数应该显著。如果自变量的回归系数变得不显著，则表明存在完全中介作用；如果自变量的回归系数仍然显著并且比第二步中有所下降，则表明存在部分中介作用。

表5-3 中介作用的回归结果汇总

		标准化回归系数	t值	R^2	调整的R^2	F
控制变量：团队的类型		−0.003	−0.052 (0.959)	0.000	−0.005	0.003 (0.959)
第一步：自变量对中介变量：服务型领导风格——工作满意度		0.726	15.613 (0.000)	0.527	0.525	243.768 (0.000)
第二步：自变量对因变量：服务型领导风格——创新行为		0.308	4.785 (0.000)	0.095	0.091	22.894 (0.000)
第三步	自变量：服务型领导风格	0.003	0.034 (0.973)	0.178	0.170	23.608 (0.000)
	中介变量：交互记忆系统	0.420	4.703 (0.000)			

从表5-3可见，控制变量即团队的类型对结果变量的影响不显著。中介变量工作满意度对自变量服务型领导风格的回归系数为0.726，在0.01水平上显著，即自变量的变化能显著解释中介变量的变化。因变量创新行为对自变量服务型领导风格的回归系数为0.308，在0.01水平上显著，即说明自变量的变化能显著解释因变量的变化。控制了中介变量即工作满意度之后，自变量的回归系数为0.003，不显著（t为0.034，p值为0.973）；中介变量的回归系数为0.420，在0.01水平上显著，说明工作满意度在服务型领导风格与研发团队创新行为之间起到完全中介作用，假设5得到验证。

四、结论与讨论

(一) 研究结论

本部分以长三角地区的17家企业中的221个研发团队为样本,运用实证方法探讨了研发团队的领导风格与工作满意度对创新行为的影响,并得出了一些有意义的结论。研究发现:控制变量即团队的类型对其他变量的影响不显著;服务型领导风格与工作满意度正相关,相关系数为0.726**;工作满意度与创新行为呈正相关,相关系数为0.422**;服务型领导风格与团队的创新行为呈正相关,相关系数为0.308**。工作满意度在服务型领导风格与研发团队创新行为之间起到完全中介作用。另外,不同类型的团队之间在服务型领导行为与工作满意度以及创新行为上的得分没有显著差异。

(二) 管理建议

基于上述研究结论,本部分对我国企业研发团队管理工作的主要启示有如下几点:

(1) 注重选择具备服务型领导特征的领导。在以研发工作为主的团队中,不论是稳定性较好的存续时间长的团队,还是以任务为中心的临时性团队,都是偏好服务型领导作为其团队的领导者和管理者。即需要以服务他人而不是自己被服务,把领导职位看成是支持和协助他人发展机会的领导者。为此以"创新"为目标的团队及企业,在选择领导时应该更注重领导者是否具备更好的"服务他人"的特质。因为服务型领导会给员工带来更高的工作满意度,而高工作满意度能够激发员工的创新行为。

(2) 可以开展有效的服务型领导行为培训,使得领导者习得服务型领导行为。根据服务型领导行为所包含的维度,对于管理者开展培训,对于管理者的管理理念进行更新,培养管理者的服务意识,在传统的管理角色当中融入服务者的职能。通过以上服务型领导行为的习得,领导者可以和员工建立起更加亲密的工作关系,提升团队成员的工作满意度,最终提高团队成员的工作活力和创造力（买热巴·买买提、李野，2018）。

（3）做一个善于倾听的服务型领导。作为一个服务型的领导，首先要做的是善于倾听。倾听员工内心的想法，了解员工真实的需求，是合理安排工作的前提，也是做好服务的基础。服务型领导，不仅着眼于眼前任务的完成，他们更重视员工个人的发展，因为这关系到企业长远的利益。为员工提供学习的机会，注重培养员工的能力，是服务型领导的重要工作之一。服务型领导，具有宽大的胸怀，能够在原则内容忍与谅解员工的错误。不同性格、不同特长、不同偏好的人能凝聚在同一企业内，靠的就是管理者的宽容。以退为进的宽容，通过适当的交换能够确保目标的实现。

但是，在实际工作中，领导的风格是多样的，且实际中很难严格区分某一领导是哪种类型的，更多时候一个领导者可能兼有几种领导风格，只是某一类型的特点显著些。诺贝尔文学奖获得者赫尔曼·黑塞曾说过：领导的基础不是权力，而是权威，权威是建立在爱、服务和牺牲的基础上的。为此，在工作中，无论是"变革型领导""参与型领导"或"权威型领导"，作为领导者本身都应该注重树立"服务他人"领导理念和行为风格，以满足追随者的生理、心理和情感的需求，从而提高员工的工作满意度，激发成员的创新行为。

第六章
顾客参与对新产品开发绩效的影响：动态能力的中介机制

第一节 引 言

随着科技的进步，产品的生命周期越来越短，新产品的开发及推出已经成为同类企业间竞争的焦点（江涛等，2009），新产品的持续开发能力成为决定企业经营绩效优劣的关键性因素（Ernst，2002；余芳珍等，2006）。然而创新过程充斥着各种不确定性，新产品失败率很高，如美国高达95%，欧洲高达90%（Kotler，2003），世界500强企业的新产品研发的投资回报率经常处于亏本境地（康路，2006）。导致这种结果的主要原因有多个方面，其中之一在于：新产品的开发过程中顾客角色的缺失，忽视了消费者的创新热情和能力。顾客是产品的购买者、使用者和最终评判人，他们的购买行为是新产品开发成功与否的评价标尺。20世纪80年代中期以来，众多研究者通过研究发现，在新产品开发过程中顾客参与对新产品开发绩效具有正向影响的作用（Voss，1985；Cooper，1990、1999；Kahn，2001；Franke et al.，2006；Fang，2008；汪涛等，2009；周飞等，2011；姚山季等，2012、2019）。

但现有的研究普遍只关注顾客参与对新产品开发绩效的直接作用，

缺乏对其间接影响方面的研究，即企业通过顾客群体这样的非正式网络所获得的信息、知识与技术等各种资源，是否需要通过其他因素才能将其有效地转化为创新成果？通过对相关的中外文数据库进行检索，我们发现仅有几位学者关注过顾客参与对新产品开发绩效的间接效应。如汪涛等（2009）从自我决定理论视角和顾客依赖视角，姚山季等（2012）从关系嵌入视角，探讨了顾客参与对新产品开发的影响。但上述研究是基于西方的发达经济为背景或以服务型企业为研究对象，所得到的关于顾客参与对新产品开发绩效的间接影响方面的结论具有一定的局限性。在企业产品研发中，创新者、领先用户等特殊消费者参与的价值已成为研究的共识（Schweisfurth，2017）。顾客参与产品研发的文献主要聚焦于探讨企业与特殊消费者的合作（Schweisfurth，2017；宋晓兵等，2017），长期以来缺乏针对普通消费者参与的研究（肖静华等，2018）。主要原因在于：一是，普通顾客被认为难以参与企业研发。对特别的顾客而言，普通顾客通常不具备研发所需要的专业知识和能力，其非专业性会对企业研发造成决策困扰，增加研发风险（Gruner et al.，2014）。参与研发需要主动参与，但多数消费者都缺乏主动参与的意愿（De et al.，2015）。因此，顾客参与研发被限定在具有一定能力和意愿的特殊消费者当中，而普通顾客则被视为研发的观察者（Dahl et al.，2015）。二是，企业难以有效利用普通顾客参与研发。因为企业要掌握和处理所有普通顾客信息的成本极高，而获取少量一般顾客的信息又缺乏价值（Priem et al.，2012）。对于普通顾客如何能有效地参与到研发中、企业又如何能有效地利用普通消费者的参与，无论对业界还是学界，目前都处于探索阶段（肖静华等，2018）。

企业新产品开发的能力实际上反映了企业快速响应市场需求并契合市场需求变化节奏的能力，即动态能力。动态能力主要来源于企业对新知识的获取、融合、创新和应用，顾客参与，为企业提供各种信息和知识，在一定程度上促进了企业的动态能力的形成。同时，顾客又从根本上改变着市场的动态性（Prahalad & Ramaswamy，2000）。目前尚未有研究将动态能力作为独立变量纳入顾客群体对企业新产品开发绩效作用机制的研究框架中，而这些因素都是企业创新理论及创新实践必须要解决的。

因此，本部分以企业的动态能力为视角，将顾客群体作为非正式网络的一个节点，来考察其对企业新产品开发绩效的影响路径及机制。通过文献研究与理论梳理构建概念模型，进而提出相关研究假设，然后以233家企业为调查对象进行实证检验，以揭示顾客参与、动态能力与企业新产品开发绩效之间的关系，进一步完善顾客参与新产品开发及其绩效的研究模型，为企业新产品开发提供理论依据，为企业创新实践提供指导与建议，也为中国企业提升竞争优势提供有价值的指导与借鉴。

第二节　文献综述与研究假设

一、核心概念界定

（一）顾客参与

目前，对于顾客参与具体内涵及包含的维度还没有形成一个共识和结论。Silpakit等（1985）认为，顾客参与指顾客精神上、智力上、身体上和情感上的努力与投入。Kellogg等（1997）认为，顾客参与主要包括四种形式：事前准备、建立关系、信息交换行为和干涉行为。Ritter等（2004）将其定义为顾客参与企业新产品开发活动的程度。还有的学者认为顾客参与的内涵包括三个方面：合作生产、顾客接触及服务定制（Skaggs & Youndt，2004；张若勇等，2007）。Fang等（2008）将其界定为顾客涉入生产者新产品开发活动中的程度，包括顾客参与的广度与深度。姚山季等（2012）将其定义为，在新产品开发活动中，企业通过各种方式让顾客参与进来，顾客不仅提供相关的思想与信息，而且还与企业联合设计开发新产品，甚至率先测试使用新产品。根据研究的目的，本部分主要参照姚山季等（2012）关于顾客参与的定义。

(二) 动态能力

关于"动态能力"的定义有多种不同的版本，其中最具代表性的定义是 Teece 等在 1997 年提出的：动态能力是整合、建立和再配置内外部资源和能力的能力。而 Griffith 和 Harvey（2001）认为，动态能力是指企业创造竞争对手们难以模仿的资源组合。Zollo 和 Winter（2002）认为，动态能力是一种持续的集体行动学习方式。董保宝等（2011）认为，动态能力是企业不断地对企业的资源和能力进行整合、配置，并根据外部环境的变化对其进行重组的能力。辛晴和杨蕙馨（2012）认为，动态能力是企业拥有的迅速识别、获取外部知识并与自身拥有的知识进行整合和重构的一种能力，从而实现新资源组合的过程性运营和战略惯例，达到适应市场变革的目的。学者们根据对动态能力内涵的理解，将动态能力划分为 2~5 个维度，具体如表 6-1 所示，其中贺小刚等（2006）的划分方法被认为具有较好的解释力（焦豪等，2008），本部分也采用了贺小刚等学者的观点。

表 6-1 动态能力的具体维度划分汇总

观点	动态能力的具体维度
2 个维度	吸收整合能力和创新能力（杜建华等，2009）
3 个维度	资源整合能力、资源再配置能力和学习能力（Wu，2007）
	适应能力、吸收能力和创新能力（Wang et al.，2007）
	感知环境能力、组织柔性决策能力和资源整合重构能力（王丽琼等，2013）
4 个维度	环境洞察能力、变革更新能力、技术柔性能力、组织柔性能力（焦豪等，2008）
5 个维度	环境适应能力、组织变革能力、资源整合能力、学习能力和战略隔绝机制（董保宝等，2011）
	市场潜力、组织柔性、战略隔绝、组织学习及组织变革（贺小刚等，2006）
	环境洞察能力、价值链配置与整合能力、资源配置和整合能力（李兴旺，2006）

(三) 新产品开发绩效

新产品开发是一个涉及多种资源、多环节的复杂过程(吴伟伟等，2013)，包括市场调研、研究开发、设计制造、销售和服务等一系列活动，投资多、风险大、周期长(周秀丽等，2000)，企业必须充分收集社会、经济、竞争对手、技术等方面的信息，以识别外部环境中的机会与威胁，同时进行内部条件信息的收集，以识别企业的优势和劣势，为开发新产品和经营决策提供现实依据(Beinhocker，1999)。Jayaram 和 Malhotra (2010) 将新产品开发绩效分为市场绩效和项目绩效，其中，市场绩效的测量指标包括市场份额、新产品利润率收支平衡期，项目绩效的测量指标包括新产品开发结果与初始设计时的一致性程度、设计质量、进入市场的时间和开发成本。姚山季等(2012)认为，应将新产品开发绩效分为时间绩效与创新绩效。潘宏亮(2013)认为，可以采用4个指标来衡量新产品开发绩效：企业新产品开发的成本降低比例、企业新产品市场销售额增加比重、企业新产品开发的风险降低程度、企业新产品开发的速度。本章主要从时间绩效与创新绩效这两个维度对新产品开发绩效进行测量。

二、顾客参与对新产品开发绩效的影响

新产品开发是一种知识密集型活动，需要综合多种隐性和显性知识来创造新产品与提供新服务，其首要任务是研究顾客的需求、欲望和偏好。企业对顾客信息的拥有度及对顾客消费偏好的认知是新产品能否成功的关键。很多重要产品的创新，并不是来自产品生产企业，而是来自客户(Von Hippel，1997)。因此，顾客参与成为影响新产品开发绩效的重要因素之一。顾客参与意指产品发展过程中的顾客涉入行为(Fang & Eric，2008)。研究表明，顾客能够提供企业本身所缺乏的产品知识与审视产品的不同观点，从而有利于产品创新性提升(Chang W & Taylor S A，2016)。顾客是企业研发的重要来源，能为企业研发提供有价值的信

息和创意设计（Cui & Wu，2016）。顾客参与对新产品开发绩效的影响主要体现在以下几个方面：

（1）顾客参与可以提高新产品的上市速度，即提高新产品的时间绩效。顾客群体所具备的多样性的知识可以为企业提供新产品的创意（Hamel & Prahalad，1991，1994），这有助于企业尽早确定新技术的运用范围和优势，也可以更早测试技术的商业价值（Cooper & Kleinschmidt，2001；周飞等，2011）。Karagozoglu 和 Brown（1993）指出顾客参与可以显著缩短新产品开发的周期，并带来高水平的新产品开发绩效。Willian 和 Luo（2008）认为顾客参与新产品开发对项目完成的及时性具有积极影响。

（2）顾客和企业之间的信息与知识的共享活动会对新产品创新程度产生积极影响，即可以提高新产品开发的创新绩效。企业在新产品开发过程中，考虑来自产品终端使用者即顾客的信息和知识，并与顾客进行共享和互动，可以大为增强企业新产品的创新程度（Amabile，1983）。陈晓红等（2007）研究发现，在新产品开发过程中与顾客合作和互动的程度，对新产品商品化成功程度有正向影响。因为顾客是产品的最终使用者，他们对产品的了解程度更甚于企业自身，也更清楚与同类产品甚至竞争对手产品的差异所在，知晓自己需要什么和产品需要改进的地方（张辉等，2010）。Herstatt 等（1992）根据顾客对需求创新的认识不同以及顾客对产品创新过程的控制程度不同，将顾客分为普通顾客和领先顾客。领先顾客面临的新产品或服务需求早于市场上出现该需求几个月甚至几年，独特性需求是领先顾客参与产品创新的重要原因。领先顾客群体对产品或服务的独特性需求，在一定程度上提升了新产品的创新程度，保证了新产品的领先优势，可以说领先顾客的参与对新产品开发绩效的影响更甚于普通顾客。因此，新产品在开发初期阶段，就应让顾客参与并与之形成良好的互动，充分考虑顾客需求，使拟开发的新产品更符合市场需求，进而提升新产品开发的速度和满足市场需要的程度。基于以上分析，本部分提出假设 1：

H1：顾客参与和新产品开发绩效显著正相关，即在新产品开发中，顾客参与的程度越高，越有利于新产品开发绩效的提高。

H1a：信息提供与新产品开发的时间绩效呈显著正相关；

H1b：信息提供与新产品开发的创新绩效呈显著正相关；

H1c：参与创造与新产品开发的时间绩效呈显著正相关；

H1d：参与创造与新产品开发的创新绩效呈显著正相关。

三、顾客参与对动态能力的影响

动态能力是指企业为了适应市场变革而创造性地使用内外部知识资源的能力，包括快速识别并获取外部知识、与已有知识进行整合和重构这些方面。动态能力主要来源于企业对新知识的获取、融合、创新和应用。由于企业所面对的外部环境时刻处于变化中，企业为了保持自身竞争优势，必须拥有敏锐的感知能力，善于把握环境的细微变化并做出快速反应。顾客参与能够让企业迅速了解外部环境，尤其会给企业了解消费者的需求提供便利。成功的企业不仅能够在企业内部创造知识，跨越企业部门进行知识整合，更擅于从外界获取知识（李志远等，2011）。顾客与企业之间的互动可以产生大量的有意识与无意识的信息及知识，从而加速企业的学习进程（Chang，2002）。顾客参与不仅能够提供与新产品开发相关的信息，更重要的是能够在与企业互动过程中分享其所掌握的隐性知识，而这些隐性知识根植于其头脑和行为中，具有高度的路径依赖性和专用性，难以转移和模仿，不容易被其他企业获得，这样有利于企业构建战略隔绝机制。顾客参与有助于组织了解顾客的品位和产品偏好等有关信息，充分掌握市场需求动态。综上所述，动态能力是企业整合、构建和协调内部与外部能力的能力，其中，外部能力体现在企业与其他组织之间的合作交流，以及对外部资源活动的有效利用，企业通过自身的顾客群体，来推动资源的获取、整合和释放，这是动态能力构

建过程的核心所在,因此,顾客参与有利于企业动态能力的构建,从而本章提出研究假设2:

H2:顾客参与对企业动态能力有显著的正向影响,即在新产品开发中,顾客参与的程度越高,越有利于企业动态能力的建设。

H2a:信息提供对企业环境适应能力有显著的正向影响;

H2b:信息提供对企业组织变革能力有显著的正向影响;

H2c:信息提供对企业资源整合能力有显著的正向影响;

H2d:信息提供对企业学习能力有显著的正向影响;

H2e:信息提供对企业的战略隔绝机制有显著的正向影响;

H2f:参与创造对企业环境适应能力有显著的正向影响;

H2g:参与创造对企业组织变革能力有显著的正向影响;

H2h:参与创造对企业资源整合能力有显著的正向影响;

H2i:参与创造对企业的提高学习能力有显著的正向影响;

H2j:参与创造对企业战略隔绝机制的提高有显著的正向影响。

四、动态能力对新产品开发绩效的影响

随着企业生存与发展环境的日趋复杂,企业为了应对竞争环境的动态变化,纷纷重视自身动态能力的建设。动态能力与创新的关系也受到了众多学者的关注,他们的研究成果证实了动态能力对于企业创新能力的培养具有一定的积极影响(黄俊等,2008;Malik et al., 2009;林萍,2012;曾萍等,2013),同时动态能力还能促进企业不断成长(刘谷金,2011)。企业的创新能力与成长性主要在于企业能够不断地开发出符合顾客需要的新产品或提供顾客所需的新服务,而动态能力对企业的新产品开发具有积极的促进作用,主要表现在以下几个方面:环境适应能力和组织变革能力可以提高企业寻找和利用市场机会的能力,这有助于企业了解环境中潜在的变化趋势,从而获取有关产品工艺更新或市场的信息;资源整合能力意味着企业需要对各类资源和任务进行协调匹配与高效快

速的调整，消除工作流程中的障碍，获得更高的生产效能；组织的学习能力采用搜寻、选择、执行的方式来提高企业的行为能力，并提高成员理解和管理组织及其环境的能力，进而提升新产品开发绩效（蒋天颖等，2009）。此外，学习能力还可以通过信息共享和知识交流来扩充知识基础，促进当前新产品开发过程，并通过知识积累来保证后续创新的顺利实施（Terwiesch & Bohn，2001）。战略隔绝机制可以使企业的产品创新处于领先地位，不易被竞争对手模仿。总之，企业的动态能力对企业新产品开发的成功与否发挥着重要作用。因此，提出假设3：

H3：动态能力对新产品开发绩效有显著的正向影响，即企业所具备的动态能力越强，新产品开发绩效就越好。

H3a：环境适应能力对新产品开发的时间绩效有显著的正向影响；

H3b：组织变革能力对新产品开发的时间绩效有显著的正向影响；

H3c：资源整合能力能对新产品开发的时间绩效有显著的正向影响；

H3d：学习能力对新产品开发的时间绩效有显著的正向影响；

H3e：战略隔绝能力对新产品开发的时间绩效有显著的正向影响；

H3f：环境适应能力对新产品开发的创新绩效有显著的正向影响；

H3g：组织变革能力对新产品开发的创新绩效有显著的正向影响；

H3h：资源整合能力对新产品开发的创新绩效有显著的正向影响；

H3i：学习能力对新产品开发的创新绩效有显著的正向影响；

H3j：战略隔绝能力对新产品开发的创新绩效有显著的正向影响。

五、动态能力的中介作用

由假设1~假设3可以看出，动态能力与顾客参与及新产品开发绩效之间都具有相关性。顾客参与可以促进企业与包括顾客在内的外部环境之间进行信息交流与知识共享，这有利于企业获取新产品开发有关的知识和信息，促进企业更新知识储备、提高技能和改变开发过程。企业可以充分地利用顾客群体提供的外部知识来发现创新机会，增强对市场动态变化的感知与应对能力，提升企业自身的动态能力。动态能力能促进企业新产品开发的时间绩效和创新绩效的提高。企业从外部获取的与新产品开发相关的信息与知识，必须经过内化与共同化，转变成企业的知识才能被企业整合和利用（Nonaka et al., 1995）。顾客参与需要和企业的动态能力相结合才能更好地促进新产品的开发，如果仅有顾客参与，而企业缺少把握市场发展趋势、敏锐的市场洞察能力及战略隔绝机制等，就很难将顾客提供的知识和信息运用到新产品开发中，甚至会因为顾客的参与轻则影响新产品开发的进程，重则导致失败。因此，顾客提供的信息和知识首先要转化为企业的动态能力，才能促进企业的新产品开发。故提出假设4：

H4：动态能力在顾客参与和新产品开发绩效之间具有中介作用，即顾客参与的程度越高，企业的动态能力就越强，就越有利于企业新产品开发绩效的提高。

H4a：动态能力在信息提供与新产品开发的时间绩效之间具有中介作用；

H4b：动态能力在信息提供与新产品开发的创新绩效之间具有中介作用；

H4c：动态能力在参与创造与新产品开发的时间绩效之间具有中介作用；

H4d：动态能力在参与创造与新产品开发的创新绩效之间具有中介作用。

第六章 顾客参与对新产品开发绩效的影响：动态能力的中介机制

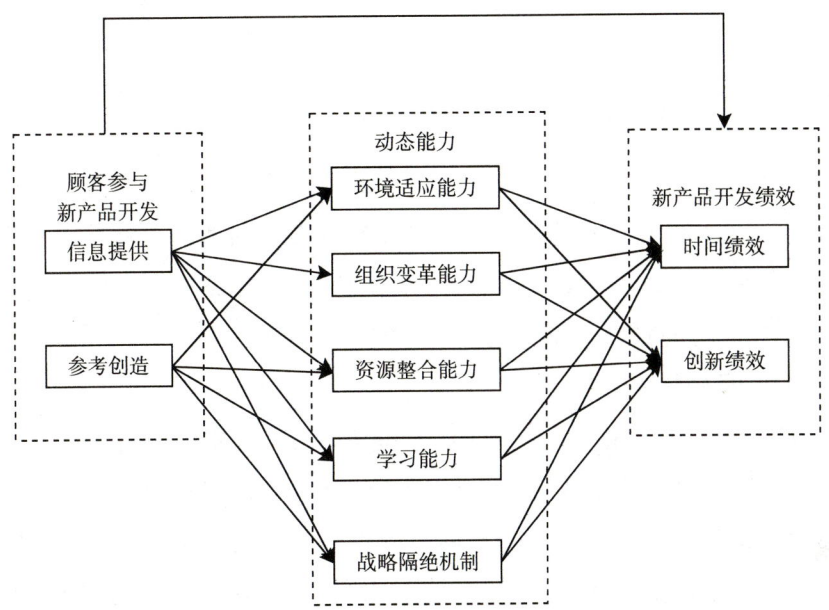

图 6-1 顾客参与、动态能力对新产品开发绩效的影响

第三节 实证研究

一、研究样本和数据的收集

本部分采用问卷调查的方式收集数据。本次调查共发放问卷350份，调查对象主要选择新产品开发活动较为频繁的企业以及与顾客群体互动较多的企业。问卷的发放主要由南京几所高校中的MBA学员在其工作的企业请其相关工作人员进行填写，其中顾客参与问卷主要由市场部（客户关系管理部门）负责人填写，动态能力问卷主要由企业的战略规划部门（投资发展部门）的负责人填写，新产品开发绩效主要由研发部门负责人填写。共回收252份，剔除不合格问卷，总计得到有效问卷233份，

有效回收率为 66.57%。

二、变量的测量

为保证测量工具的效度和信度，本部分采用的量表全部都是国内外现有文献已经使用过的量表。在问卷设计方面，除基本资料外，本章所有变量均采用 Likert5 级设计，"完全不同意""基本不同意""基本同意""同意""完全同意"，分别计 1、2、3、4 和 5 分。

（一）顾客参与的测量

借鉴 Fang（2008）和 Lengnick-Hall（1996）及姚山季等（2012）的研究，本部分从信息提供与参与创造两个维度对顾客参与新产品开发进行测量。信息提供指顾客将新产品需求信息、市场信息及开发信息等提供给企业供企业新产品开发小组参考；参与创造指一种更深层次的参与，顾客与企业共同开发与创造新产品。每个维度有 3 个题目。

（二）动态能力的测量

参考董保宝等（2011）研究所用的问卷，包括 5 个维度：环境适应能力、组织变革能力、资源整合能力、学习能力和战略隔绝机制，其中环境适应能力的测量包括 5 项指标（Gibson & Birkinshaw，2004）；组织变革能力的测量有 7 项指标（Lazonick & Prencipe，2005；贺小刚等，2006）；资源整合能力有 6 项指标（Ge & Dong，2008）；学习能力的测量有 6 项指标（Zahra & George，2002）；战略隔绝机制的测量有 5 项指标（贺小刚等，2006）。这 5 个维度共包含 29 个题项。

（三）新产品开发绩效测量。

参考 Sbragia（1984）、Souder 和 Jenssen（1999）、Cooper 和 Kleinschmidt（2001）、姚山季等（2012）的研究，从时间绩效与创新绩效来测量新产品开发绩效。其中时间绩效有 3 个题目，创新绩效有 7 个题目。

三、问卷的信度和效度检验

本部分采用 Cronbach's α 系数来分析信度,SPSS16.0 分析检验结果如表 6-2 所示,各变量的 Cronbach's α 系数在 0.720~0.90 间,均达到了较高水平,表明问卷具有良好的信度。

表 6-2 量表的信度(N=233)

变量	Cronbach's α 系数	变量	Cronbach's α 系数
顾客参与	0.897	动态能力	0.827
信息提供	0.782	环境适应能力	0.721
参与创造	0.851	组织变革能力	0.812
新产品开发绩效	0.760	资源整合能力	0.810
时间绩效	0.749	学习能力	0.821
创新绩效	0.800	战略隔绝机制	0.723

效度检验方面,本部分使用了其他学者曾用过的较为成熟的量表,并通过咨询相关领域的专家以及进行小样本的预测对量表进行了修订,由此保证了量表具备较好的内容效度。结构效度方面,本章运用 AMOS17.0 进行了验证性因子分析,分析结果如表 6-3 所示,λ/df 在 1~3 之间,RMSEA 小于 0.08,GFI、CFI 和 IFI 均大于 0.90,说明各变量具有良好的结构效度。

表 6-3 各变量验证性因子分析结果

拟合指标	λ/df	RMSEA	GFI	CFI	IFI
顾客参与	2.15	0.06	0.93	0.92	0.92
动态能力	2.13	0.06	0.91	0.97	0.97
新产品开发绩效	1.72	0.03	0.96	0.97	0.96

第四节 分析结果

本部分采用SPSS16.0对变量进行了描述性分析和相关性分析，运用多元回归分析方法考察了各变量之间的关系，并对文中所提出的研究假设进行了检验。

一、变量的描述性分析及变量间的相关性分析

各变量的描述性分析及相关性分析结果如表6-4和表6-5所示。顾客参与和新产品开发绩效之间的相关性为0.468**，顾客参与和动态能力的相关性为0.637**，动态能力和新产品开发绩效之间的相关性为0.693**。假设H1、H2和H3得到初步验证。

表6-4 变量的描述性分析

变量	最小值	最大值	均值	标准差	变量	最小值	最大值	均值	标准差
顾客参与	6.00	25.00	17.116	3.754	动态能力	33.00	118.00	84.927	19.294
信息提供	3.00	14.00	9.069	2.328	环境适应能力	7.00	29.00	16.146	4.853
参与创造	3.00	13.00	8.197	2.241	组织变革能力	2.00	30.00	19.253	5.618
新产品开发绩效	14.00	46.00	28.382	6.632	资源整合能力	6.00	27.00	18.060	4.987
时间绩效	4.00	14.00	8.657	2.411	学习能力	5.00	23.00	16.258	4.603
创新绩效	10.00	32.00	19.725	4.536	战略隔绝机制	5.00	23.00	15.167	5.140

表6-5 变量间的相关性分析结果

变量	1	2	3	4	5	6	7	8	9	10	11
信息提供	1										
参与创造	0.244**	1									

续表

变量	1	2	3	4	5	6	7	8	9	10	11
顾客参与	0.746**	0.773**	1								
环境适应能力	0.276**	0.238**	0.353**	1							
组织变革能力	0.399**	0.416**	0.523**	0.457**	1						
资源整合能力	0.400**	0.442**	0.550**	0.436**	0.583**	1					
学习能力	0.337**	0.391**	0.475**	0.264**	0.510**	0.679**	1				
战略隔绝机制	0.383**	0.426**	0.546**	0.463**	0.489**	0.529**	0.477**	1			
动态能力	0.469**	0.497**	0.637**	0.679**	0.803**	0.836**	0.751**	0.771**	1		
时间绩效	0.379**	0.318**	0.462**	0.390**	0.609**	0.514**	0.479**	0.607**	0.682**	1	
创新绩效	0.334**	0.316**	0.439**	0.447**	0.551**	0.509**	0.427**	0.558**	0.651**	0.804**	1
新产品开发绩效	0.366**	0.332**	0.468**	0.447**	0.598**	0.535**	0.466**	0.602**	0.693**	0.914**	0.976**

注：** 表示在 0.01 水平上显著。

二、顾客参与对新产品开发绩效的影响

以顾客参与的 2 个维度为自变量，分别以新产品开发绩效的 2 个维度为因变量进行回归分析，分析结果如表 6-6 所示。信息提供、参与创造对新产品开发的时间绩效和创新绩效均有显著的积极影响，回归系数分别为 0.320、0.273、0.240、0.250，均在 0.001 水平上显著。假设 H1a、H1b、H1c 和 H1d 得到验证。

表 6-6 顾客参与对新产品开发绩效的影响

自变量	因变量	
	时间绩效	创新绩效
信息提供	0.320***	0.273***
参与创造	0.240***	0.250***
F 值	28.350***	23.532***
Adjusted R^2	0.191	0.163

注：*** 表示 $p<0.001$。

三、顾客参与对动态能力的影响

以顾客参与的 2 个维度为自变量，分别以动态能力的 5 个维度为因变量进行回归分析，结果如表 6-7 所示，信息提供和参与创造对动态能力的 5 个维度均有积极影响。回归系数分别为 0.231、0.316、0.310、0.257、0.297、0.182（在 0.01 水平上显著）、0.338、0.366、0.328、0.353，均在 0.001 水平上显著。假设 H2a~H2j 均得到验证。

表 6-7 顾客参与对动态能力的影响

自变量	因变量				
	环境适应能力	组织变革能力	资源整合能力	学习能力	战略隔绝机制
信息提供	0.231***	0.316***	0.310***	0.257***	0.297***
参与创造	0.182**	0.338***	0.366***	0.328***	0.353***
F 值	13.798***	41.895***	46.035***	31.485***	41.352***
Adjusted R^2	0.099	0.261	0.280	0.208	0.285

注：* 表示 $p<0.05$；** 表示 $p<0.01$；*** 表示 $p<0.001$。

四、动态能力对新产品开发绩效的影响

以动态能力的 5 个维度为自变量，分别采用新产品开发绩效的 2 个维度作为因变量进行回归分析，分析结果如表 6-8 所示。组织变革能力和战略隔绝机制 2 个维度对新产品开发的时间绩效具有积极的影响，回归系数分别为 0.351、0.357；环境适应能力、组织变革能力和战略隔绝机制这 3 个维度对新产品开发的创新绩效有积极的影响，回归系数分别为 0.133、0.258、0.287。假设 H3b、H3e、H3f 和 H3j 得到验证，假设 H3a、H3c、H3d、H3h 和 H3i 没有得到验证。

五、动态能力的中介作用

依据 Baron 等（1986）提供的检验中介作用的步骤和判断条件，本部

表 6-8 动态能力对新产品开发绩效的影响

自变量	因变量：新产品开发绩效	
	时间绩效	创新绩效
环境适应能力	0.018	0.133*
组织变革能力	0.351***	0.258***
资源整合能力	0.052	0.120
学习能力	0.090	0.042
战略隔绝机制	0.357***	0.287***
F 值	46.627***	35.771***
Adjusted R^2	0.496	0.428

注：* 表示 $p<0.05$；** 表示 $p<0.01$；*** 表示 $p<0.001$。

分对顾客参与、动态能力和新产品开发绩效之间的关系进行了回归分析。

以顾客参与和动态能力作为自变量，新产品开发绩效作为因变量进行了回归分析，分析结果如表 6-9 所示。动态能力在顾客参与和新产品开发绩效之间具有完全中介作用，假设 H4 得到验证。经过计算，动态能力的中介效应占总效应的比重为 0.635*0.666/0.471=90.35%，说明顾客参与对新产品开发绩效的影响中 90.35% 是通过动态能力的中介作用产生的，这显示了动态能力在顾客参与作用过程中的重要性。

表 6-9 顾客参与、动态能力对新产品开发绩效的回归分析

变量		第一步		第二步		第三步	
		新产品开发绩效		动态能力		新产品开发绩效	
		Beta	t	Beta	t	Beta	t
自变量	顾客参与	0.471***	8.143	0.639***	12.661	0.046	0.742 (0.459)
中介变量	动态能力					0.666***	10.850
R^2		0.222		0.409		0.485	
F 值		66.307***		160.307***		108.688***	

注：*** 表示 $p<0.001$。

图 6-2 所示为动态能力在顾客参与和新产品开发之间关系中的路径。顾客参与对新产品开发绩效的直接影响为 0.046（p＞0.5），远远小于间接作用 0.426（0.639*0.666），这进一步表明了动态能力在顾客参与作用过程中的重要性。

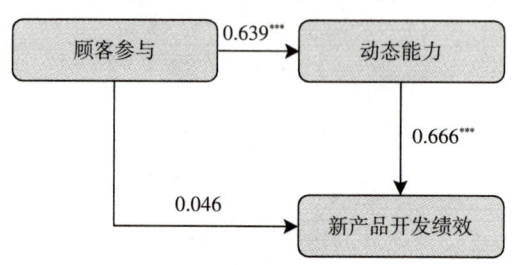

图 6-2　动态能力在顾客参与和新产品开发中的关系

以信息提供和动态能力作为变量，新产品开发绩效作为因变量进行了回归分析，分析结果如表 6-10 所示。动态能力在信息提供和新产品开发的时间绩效以及创新绩效之间有完全中介作用，假设 H4a 和 H4b 得到验证。经过计算，中介效应占总效应的比重分别为 0.469*0.646/0.379=79.94%，0.469*0.633/0.334=88.89%，表明顾客参与过程中的信息提供对新产品开发的时间绩效的影响中 79.94% 是通过动态能力的中介作用产生的，顾客的信息提供对新产品开发的创新绩效的影响中 88.89% 是通过动

表 6-10　信息提供、动态能力对新产品开发绩效的回归分析

变量		第一步		第二步	第三步	
		时间绩效	创新绩效	动态能力	时间绩效	创新绩效
		Beta	Beta	Beta	Beta	Beta
自变量	信息提供	0.379***	0.334***	0.469***	0.076 (0.161)	0.037 (0.515)
中介变量	动态能力				0.646***	0.633***
R^2		0.144	0.111	0.220	0.469	0.424
F 值		38.759***	28.941***	64.993***	101.598***	84.751***

注：*** 表示 $p<0.001$。

态能力的中介作用产生的，由此可见动态能力在信息提供作用过程中的重要性。

以参与创造和动态能力作为变量，以新产品开发绩效为因变量进行了回归分析，分析结果如表 6-11 所示。参与创造对新产品开发绩效的直接影响为负向的，回归系数分别为 -0.027 和 -0.009，动态能力在参与创造和新产品开发的时间绩效以及创新绩效之间起到完全中介作用，假设 H4c、H4d 得到验证。经过计算，中介效应占总效应的比重分别为 0.497*0.695/0.318=108.62%，0.97*0.655/0.316=103.02%，说明顾客参与创造对新产品开发的时间绩效的影响中 108.62% 是通过动态能力的中介作用产生的，顾客参与创造对新产品开发的创新绩效的影响中 103.02% 是通过动态能力的中介作用产生的。这表明顾客直接参与新产品的创造对新产品开发绩效的直接影响是负向的，只有通过动态能力的中介作用，参与创造才能对新产品开发绩效起到正向影响，由此可见动态能力在参与创造作用过程中的重要性。

表 6-11 参与创造动、态能力对新产品开发绩效的回归分析

变量		第一步		第二步	第三步	
		时间绩效	创新绩效	动态能力	时间绩效	创新绩效
		Beta	Beta	Beta	Beta	Beta
自变量	参与创造	0.318***	0.316***	0.497***	-0.027 (0.626)	-0.009 (0.871)
中介变量	动态能力				0.695***	0.655***
R^2		0.101	0.100	0.247	0.465	0.423
F 值		26.020***	25.656***	75.706***	99.973***	84.405***

注：*** 表示 $p<0.001$。

第五节 研究结论与讨论

一、本部分的主要结论

本部分在对大量文献梳理的基础上,以233个企业为研究对象,对新产品开发绩效受顾客参与和动态能力的影响机制进行了理论分析和实证研究,得到如下研究结论。

(1)顾客参与对动态能力和新产品开发绩效均有显著的积极影响。

(2)动态能力对新产品开发绩效有积极的影响。动态能力各维度中,组织变革能力和战略隔绝机制对新产品开发的时间绩效和创新绩效均有积极的影响;环境适应能力对新产品开发的创新绩效有积极的影响;资源整合能力和学习能力对新产品开发的时间绩效创和新绩效的影响不显著。

(3)动态能力在顾客参与和新产品开发绩效之间具有完全中介作用。

二、管理建议

基于上述结论,如果企业需要不断研发出适应顾客需求的新产品,就应该注重企业自身动态能力的建设以及注重顾客参与机制的构建。

(一)注重动态能力的建设

在动态能力建设方面,企业首先要意识到动态能力培育是一个长期而艰难的过程。组织设计、组织学习和人力资源管理三大因素能够促进动态能力形成与提升(Subba & Narasimha,2001),企业培育动态能力时应该着重从上述三个方面入手。此外,企业应根据自身的发展战略及内外部环境的变化,着力提升与发展战略相关的各类动态能力,否则企业就难以在不确定的市场竞争中确保其处于竞争优势地位。同时,企业领导者也应该清楚，决定企业竞争优势的动态能力是一个动态的能力组合，各能力因子的权重以及具体能力表现形式将随着环境的改变而自发或自觉地进行演进、调整（董保宝等，2011）。企业在培育动态能力时要具有时间紧迫感，在企业暂时处于领先地位的同时，要积极寻求新的动态能力。

（二）采取相应的激励机制来提升消费者的参与意愿

企业要有效利用消费者的知识和经验，需要采取相应的激励机制来提升消费者的参与意愿（Schweisfurth，2017）。首先，企业应该积极建立企业与顾客之间的信息与知识共享机制，为顾客参与提供途径和各种平台。其次，企业还应该采取各种激励机制，激发顾客参与的积极性。顾客参与产品创新时必须投入自己的时间、信息、知识和经验，如果他们能在参与中获得一定的经济回报，将会提高他们参与的积极性与质量。顾客从创新产品中获得的经济利益越大，就越愿意参与产品创新（Herstatt & von Hippel，1992；Von Hippel，2009）。最后，企业在吸引顾客参与时，除了重视参与的量，更要注重顾客参与的质，尤其要注重吸引领先顾客的积极参与。

（三）关注顾客参与的风险

在顾客参与研发的研究中，许多学者对企业如何有效利用消费者资源进行了讨论，利用好顾客资源对企业而言是一个巨大挑战（Mohr & Sarin，2009）。企业在大力提倡顾客参与的同时，应该注意顾客参与的风险。虽然顾客参与对新产品开发的积极作用得到了验证，但顾客参与对企业新产品开发也存在一定的风险。本部分发现，顾客直接参与新产品的创造对新产品开发的绩效的作用是负向的。主要原因在于顾客行为并不受企业员工守则的约束，这就导致了顾客参与新产品开发过程的不确定性和风险性（吕涛，2000）。不合适的顾客参与产品创新会带来诸多问题，如导致企业关键技术流失的风险，顾客在参与中了解甚至获取企业相关技术，私自利用相关技术或将其卖给企业的竞争者，其结果将是灾难性的。顾客和企业都参与了产品创新，谁将拥有创新成果也是需要解决的问题。因此，企业在选择参与产品创新的顾客群体时，应尽量选择诚实的和值得信任的顾客以及建立相应的机制来明确顾客与企业双方的权益与责任。在市场快速变化的时代，企业要成功利用消费者参与研发，需要具备消费者识别能力、敏捷学习能力、迭代试错能力（Coviello & Joseph，2012）、极强的组织能力、资源整合能力和风险控制能力（Stock，2014）。

（四）充分利用大数据为顾客参与提供的便利

大数据技术有效连接了顾客与企业，为普通顾客参与企业研发和企业有效利用普通顾客参与研发提供了条件和可能（肖静华等，2018）。具体体现在以下几个方面：

（1）大数据技术提升了普通顾客参与行为的可数据化程度，使其生成的数据具有高度易获得性。

（2）大数据技术极大降低了企业获取消费者信息的成本，使企业利用消费者数据资源成为可能（Bendle & Wang，2016）。普通消费者的日常行为能够被便利、低成本、突破时空限制地转化为可被企业获取和利用的数据资源（Hilbert，2016）。

（3）大数据技术使顾客在行为过程中自动生成数据，普通消费者不需要具备主动参与的意愿，也能通过其行为自动生成的大数据来影响企业决策。无论是个体参与还是群体参与，企业都能够便捷地获取和利用由其行为自动生成的大数据（O'Hern & Rindfleisch，2015）。

三、本部分的不足及未来的研究方向

（1）顾客参与变量的测量存在一定的局限性。本部分参考了前人的观点，从信息提供和参与创造两个维度测量及研究顾客参与，这两个维度是否在其他性质的企业或企业发展的不同生命周期中都同时存在，以及对新产品开发的影响是一致的，有待进一步认证。

（2）本部分样本的选择主要集中于长三角地区，具有明显的地域性，长三角地区整体的经济发展水平和企业发展层次较高，以及顾客群体的整体知识水平和对新产品的需求水平都较高，因此研究结果的一般性问题亟待解决。在下一阶段的研究中将从更多的地区收集样本，进一步验证本模型提出的研究假设。

（3）在时间跨度上，本部分采取横向数据收集法，顾客参与的具体内涵和方式、动态能力等都是一个动态的变量，横向数据无法全面地揭示顾客参与、动态能力和新产品开发在企业发展的整个生命周期内的作用机制和路径。在进一步的研究中将进行追踪研究，全面地研究顾客参与和动态能力对新产品开发的影响。

（4）本部分的研究模型中尚未对顾客的特质进行关注，实际上，顾客参与的质量受其特质的影响很大。在下一步的研究模型构建中，将会考虑顾客的特质对新产品开发绩效所产生的影响，如知识水平、性格等因素，构建更完善的理论模型，以使研究结论更全面，更具指导意义。

未来关注的研究：以众包平台为代表的创新网络社区的出现，使顾客参与经济活动的方式变得更为便捷（Penin J & Burger-Helmchen T, 2017），也为顾客参与和企业创新绩效的关系研究带来了新的挑战，姚山季等学者针对众包情境下的顾客参与进行过研究（姚山季、刘德文，2016），发现众包模式下顾客参与通过互动可以提升新产品的开发绩效，顾客参与对资源协同、企业创新绩效具有显著的正向影响（姚山季、范朱灵，2019）。

第七章
非正式网络对创新绩效的影响：绩效评价导向的调节作用

第一节 问题的提出

"创新"和"速度"正逐渐替代"规模"成为企业竞争优势的主要来源（蓝海林等，2011）。十八届五中全会提出了全面建成小康社会新的目标要求。全会同时指出"十三五"时期是全面建成小康社会决胜阶段，并强调，实现"十三五"时期发展目标，必须牢固树立并切实贯彻创新、协调、绿色、开放、共享的发展理念。全会提出，坚持创新发展，必须把创新摆在国家发展全局的核心位置，不断推进理论创新、制度创新、科技创新、文化创新等各方面创新，让创新贯穿党和国家一切工作，让创新在全社会蔚然成风。全面理解和贯彻落实十八届五中全会精神，必须从创新发展的理念入手（黄海艳、陈效林，2016）。创新的源泉在于隐性知识的传递与共享。大量存在于正式组织结构中的非正式网络为个体之间提供了更多的面对面的沟通机会，这些沟通机会无形中对隐性知识的传递与共享起到促进作用，进而促进创新。大量研究也证实了成员之间的非正式交流与互动有利于隐性知识的传递和创新（Von，1998；Nonaka，Toyama & Konno，2000；Wenger & Snyder，2000；应洪斌等，2009；

Kun Nie et al.，2010；Allen et al.，2007）。非正式网络是由具有互补知识的同事基于相近的兴趣、爱好或共同的情感所组成的非正式团体（Davenport et al.，1998）。非正式网络可以跨过正式报告程序来激发员工的主动性（陈公海，2007），但非正式网络并不属于公司正式组织结构的一部分，因此经常欠缺资源，无法获得管理者足够的关注（Cross & Prusak，2002），从而带来不利的影响。一方面，组织对非正式网络缺乏足够的支持与重视以及激发组织成员创新的相关绩效考评机制等，就会造成员工的创新积极性不够，如组织过分重视绩效考核的"管理目的"而忽视"发展目的"，绩效评价的"挤出效应"就会严重弱化员工创造性（马君、王玉，2010）；另一方面，员工为了保持自己的竞争优势，而不愿意与其他成员分享创新所需的信息和知识，也极大地降低了员工的创新积极性以及团队的整体创新水平（Pech，2001；Bradley, Postlethwaite, Klotz, Hamdani & Brown，2012）。所以，要消除这些不利的影响，只有企业领导公开并系统地与非正式网络展开合作，提供组织层面的支持，非正式网络才能更好地发挥其对知识共享和创新的积极作用。

此外，绩效管理作为人力资源管理的重要内容，被认为是激励知识型员工行为的重要手段（Shalley et al.，2001；Boswell et al.，2002；Becton et al.，2008；何会涛等，2012），因为绩效评价体现了组织的控制意愿（Lawler，1994），组织往往通过绩效评价来传递组织期望和内隐价值观，并引导员工行为，以保证组织目标的实现（Cascio，1998）。绩效评价的取向不同会导致员工产生不同的心理反应，进而影响其行为，包括知识分享行为。对于科研团队来说，非正式网络中成员的知识分享行为不仅会受到自身特征的影响，也会受到所处组织相关制度，如绩效评价导向等因素的影响。

本部分在总结大量文献和现有实证研究的基础上，以企业中的研发团队为研究对象，将知识共享作为非正式网络和研发团队创新绩效关系的中间变量进行实证研究，探讨研发团队非正式网络对创新绩效产生的

第七章 非正式网络对创新绩效的影响：绩效评价导向的调节作用

直接效应和间接效应，以及研发团队成员感知的绩效评价导向对非正式网络与知识共享关系的调节作用。实证分析所得的结论将为企业管理者进行有效的非正式网络管理，采用合理的绩效评价导向促进研发成员间的知识共享，最终提高创新绩效提供理论依据与实践指导。本部分的理论模型如图7-1所示。

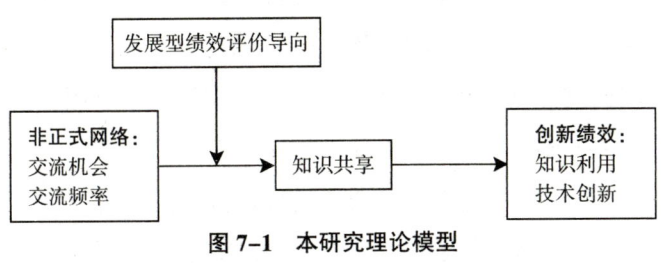

图7-1 本研究理论模型

第二节 文献回顾与研究假设

一、非正式网络对知识共享的影响

非正式网络作为一种非正式团体，虽然无法体现于正式的组织结构图中，但客观存在于所有的组织中，其存在是以成员间的人际关系为载体，其发展以信任关系和道德约束为保障（Krackardt & Hanson，1993）。研发团队层面的非正式网络指研发团队内部由知识互补或兴趣相同的成员所组成的人际关系网络，其作用在于情感交流和知识共享。非正式网络的主要特征是成员跨越边界展开多方面的联系，使得边界跨越在隐含知识转移方面具有十分重要的作用（Senker & Faukner，1993；Steward & Conway，1998）。

大量研究表明，人情化的非正式网络学习与沟通会渗透到企业活动的各个方面，成员之间的非正式交流与互动有利于隐性知识的传递，并带来创新的产生（Von，1998；Nonaka，Toyama & Konno，2000；Wenger & Snyder，2000；应洪斌等，2009；Kun Nie et al.，2010）。如 Wenger 和 Snyder（2000）认为，非正式网络通过成员间的互动来实现知识分享与学习；应洪斌等（2009）认为，非正式网络凭借其良好的互动性、快速的传播速度在隐性知识传递中发挥重要的作用。肖冬平等（2009）认为，非正式网络具有位置优势、心理优势、沟通环境优势、效率优势，以及动力优势，因而成为克服知识网络中隐性知识转移与共享困境的有效途径。

知识共享指个体间相互交换自身的知识并创造新知识的过程（Van，et al.，2004）。在知识共享的环境中，知识共享行为特指组织内部的个体将自己的知识贡献给他人，从而与对方拥有共同的知识（金辉等，2013）。知识共享行为作为无法被组织监督与控制但对组织有益的角色外行为而言是一种组织公民行为。知识共享不是任何时候都可能出现的，只有在双方相互了解、互相信任的前提下才可以进行（杨钊等，2008），建立于个人经验基础上的隐性知识更是如此。知识共享的效果取决于沟通的便捷性以及知识源和接受者二者间的亲密程度（Nonaka，1994）。以个体间的人际关系为载体，以信任关系和道德约束为保障而构建起来的非正式网络为网络内成员间的知识共享提供可能与保障。

与显性知识相比，隐性知识存在一定的垄断性。由于受到自我意识的直接影响，人们通常不会轻易将其掌握的隐性知识与他人分享，而非正式网络能够促进隐性知识扩散（刘冰峰，2018）。研发人员所拥有的个性化知识往往都是高缄默性的知识，非正式网络作为隐性知识传递的良好渠道能够促进这种高缄默性知识的传递与分享（应洪斌等，2008），进而促进创新。

另外，非正式网络还起到提高知识交流效果的作用。如 Cross 和 Prusak（2002）指出，人际沟通的学习效率是阅读的 14 倍。在工作中，人与人之间的非正式交流频率要比正式交流高得多，使得非正式网络成为收集信息、解决问题的重要途径。尤其在业务流程中，非正式网络可以"取捷径、抄近道"，加快知识传递的速度。同时，非正式网络中成员所掌握的异质性知识也为成员之间进行知识交流与共享提供了可能。据此提出研究假设1。

H1：非正式网络有利于促进研发团队成员之间的知识共享。

二、知识共享对研发团队创新绩效的影响

在企业内，知识作为一种特殊的资源存在，只有获得广泛传播和共享才能发挥最大效益（杨静等，2008；Argote，1999），只有高效的知识共享才能促进企业知识创新，维持其竞争优势（黄彦婷等，2013），同时促使企业建立起资源丰富的知识库并为企业创新提供原动力（路琳等，2009）。总之，有价值的创新都是知识共享、积累与应用的结果（Drucker，1998）。在企业中，团队成员通过知识共享，不仅可以提升自身的知识储量，而且能够使知识不断地系统化、社会化，从而创造出新知识（Disterer，2001）。知识共享可以促进知识的碰撞和新思想的产生，这些新思维和新思想是知识最终创造成果的前提，因而知识共享和创新绩效存在显著的正向关系（Hong et al.，2004；Lipman-Blumen et al.，1999；戴勇等，2011；彭正龙等，2011；Hansen，2002；Leigh，1999；Gray，2001；Thompson & Heron，2006；路琳等，2009）。非正式网络中成员所拥有的异质性知识对创新的产生具有一定的积极作用，因为从本质上讲，团队创新过程是一项认知活动，团队成员分享自己独特的知识、观点和信念，每个人都可能接触到一些迥异的想法或观点，这些想法会通过不同的途径激发他们产生更多的点子（Shalley et al.，2004；Shalley & Zhou，2010）。基于上述分析，提出研究假设2。

H2：知识共享对研发团队的创新绩效有积极的正向影响。

三、知识共享在非正式网络与研发团队创新绩效关系之间的中介作用

知识共享可以促使知识的碰撞和新思想的产生（Hong et al.，2004），这些新思维和新思想是产生最终知识创造成果的前提，但在个人孤立地处理信息时是无法产生的。任何知识只有通过有效的共享，使知识以指数般扩容，才有可能转化为创新（Argote，1999）。员工在与他人进行知识共享的过程中，一方面，可以扩大自己获取知识的边界，也让自身处于知识转移网络中的关键节点上；另一方面，可以提升自我效能感，从而促进员工创新行为（曹勇等，2013）。

创新要求多样化的资源输入和整合能力，需要从各种来源中获取知识，组织所存在的知识大部分依附于个体而存在（Nonaka et al.，1998），个体间的知识共享是增进知识效用最为关键的途径（Alavi，2000）。隐性知识是创新中主要却难以识别的资源，难以通过契约、合同等正式途径加以约束和监督，非正式网络成员间有反复合作的可能，参与者之间是一种长期的博弈，成员的良好声誉或信任能够换取更多的合作机会，有利于促进隐性知识转移，进而促进创新（徐芮、王涛，2018）。跨越正式结构、以信任为基础的非正式网络使得创新者能够在整个团队层次上发现并获取他们所需要的资源，达到实现知识共享，进而促进创新的目的。非正式网络成员之间的知识交流与共享为存在于非正式网络成员间的异质性知识提升团队创新绩效提供了可能，因为知识异质性提升团队绩效的前提在于这些知识的有效共享（张钢等，2012）。

此外，在非正式网络中频繁的互动与交流有利于组织成员间形成一种知识共享氛围，员工之间高度信任，使得知识能够在非正式网络中得到自由的流通，合理的失败能够得到容忍，这种知识共享氛围有助于进一步促进成员大胆地提出创新的想法等。基于上述分析，提出研究假设3。

H3：知识共享在非正式网络与研发团队的创新绩效两者关系中起中

介作用。

四、绩效评价导向对非正式网络与知识共享之间关系的调节作用

非正式网络并不存在于企业的正式组织结构中，因此管理层在制定相关政策或做决策时一般很少或根本不关注非正式网络的存在，这种现象严重影响了非正式网络作用的发挥。如果要充分发挥非正式网络在隐性知识交流中的作用，进而促进创新，需要从组织层面来关注和重视非正式网络的存在及其作用。因为企业内部的非正式网络作为员工之间工作互动而形成的非正式组织形式，它根植于组织内部由层级权力和流程权力所构成的组织权力网络之中，受到企业正式组织结构有意或无意的影响（应洪斌等，2008）。

知识尤其是隐性知识获取的高成本性、知识垄断的高收益性及知识分享的高风险性，使得员工作为知识共享的主体，往往面临个体利益冲突和社会困境等问题而不会主动进行知识共享（林泉等，2011；路琳，2006），78%的员工不愿意把个人的知识拿出来共享（Almashari，2002）。个体间的知识共享难以通过组织强制命令方式来实现，而依赖于适宜的激励机制；只有当企业采取适当的激励手段加以干预，才能有效促进团队成员的知识共享意愿和知识共享行为（Bock et al.，2002；路琳等，2009）。个体不愿意共享知识的原因之一就是对知识共享没有充分的回报感知（Szulanski，1996）。感知的回报对知识共享行为有显著的效应（Cabrera et al.，2006），组织成员将信息传给其他成员的可能性与他从共享中期望的回报积极相关（O'Relly et al.，1980）。

绩效管理策略作为企业管理的重要激励手段，以激发员工的主观能动性和潜能创造为主旨，对促进员工知识共享意愿上起到重要作用（常涛等，2009）。绩效评价导向指员工感知到的组织使用绩效考核工具的最终目的（Cleveland et al.，1989），绩效评价的导向能够改变员工的工作态

度和行为。绩效评价不仅是具有心理学测量特征的控制工具，也是一个包含情景、认知、情感的社会化过程（Levy et al., 2004）。员工会根据"怎样被评价"及对"评价后果的预期"动态地调整自己的行为以适应组织偏好（马君等，2010）。绩效评价具有"双重性质"，即管理目的和发展目的（Meyer et al., 1965），管理目的强调绩效评价结果的运用；发展目的强调绩效评价的过程与反馈（付亚和等，2003）。发展型绩效评价更注重员工的职业生涯的发展，弱化了绩效评价的"挤出效应"，有利于形成一种信任和合作的组织氛围（Collins，2006），这种氛围有利于促进员工的合作和人际互动，有利于员工之间的知识共享。发展型绩效考核方式为员工设定的创造性目标也有利于增加其创造性绩效（蒋建武等，2010）。管理型绩效评价目的是一种强制性的、经济交换的管理策略，它可能会抑制员工的内在动机，进而削弱网络中成员的知识分享行为。

发展型绩效评价与管理型绩效评价并不是截然相反的关系，它们不是位于同一个概念的两端，而是两个独立的维度（Boswell et al., 2000）。有些文献将发展型绩效评价与管理型绩效评价作为两个独立的维度，孤立地研究其所产生的作用。如何会涛等（2012）将绩效评价区分为管理型绩效评价和发展型绩效评价，分析了绩效评价导向对员工创造性影响的差异。文鹏等（2012）研究了这两种绩效评价导向对知识型员工的知识分享行为的影响。在管理实践中，企业这两种评价目的更多时候是兼容或重叠的，不是孤立、分开的，所以本部分采用绩效评价导向指数来分析研发人员感知不同绩效评价导向的水平。具体计算方法为：绩效评价导向指数=发展型绩效评价导向得分/(发展型绩效评价导向得分+管理型绩效评价导向得分)，所得比值越大，说明该研发人员感知到的发展型绩效评价导向程度越高。基于上述分析，提出研究假设4。

H4：研发团队成员感知的发展型绩效评价导向水平正向调节非正式网络与研发团队的创新绩效的关系。即研发团队成员感知的发展型绩效评价导向水平越高，非正式网络对研发团队的创新绩效的正向影响越强。

第三节 研究方法

一、研究程序与研究样本

本部分测量的对象主要是长三角地区企业中的研发人员，采用问卷调查的方法收集数据，涉及研发团队共计 250 个。非正式网络、员工感知的绩效评价导向、知识共享的问卷根据团队人数的多少，在每个团队中选取 2~6 人进行填写，并将所得数据汇聚成团队层面数据，团队层面的创新绩效问卷由团队负责人进行填写。剔除不合格问卷，最终获得有效研究团队 191 个，所涉及的行业有 IT 行业、通信行业、医药行业等。团队人数处于 3~29 人，其中，3~10 人的有 67 个，占样本总量的 35.08%；11~20 人的有 88 个，占 46.07%；21 人及以上的有 36 个，占 18.85%。团队存续时间 1 年以下的有 57 个，占样本总量的 29.84%；1~3 年的有 69 个，占 36.13%；3~5 年的有 36 个占 18.85%；5 年以上的有 29 个，占 15.18%。

二、测量工具

本部分为确保测量工具的效度及信度，全部采用国内外现有文献已使用过的成熟量表，再结合本书的研究加以适当修改。本部分采用内部一致性法，以 Cronbach's α 系数来检测变量的信度。各题项均采用 Likert 5 点量表进行测量，从"1（非常不同意）"到"5（非常同意）"。

（1）非正式网络。采用非正式互动机会和互动质量来测量，其中，非正式互动机会用非正式互动强度、非正式网络密度衡量（柯江林等，2007）；非正式互动质量则用非正式沟通质量和非正式网络信任评定（王燕夷等，2012）。

（2）绩效评价导向。采用文鹏和廖建桥（2010）使用的量表，其中，发展型绩效导向包括5个题项，管理型绩效导向包括4个题项。

（3）知识共享。采用王兴元等（2013）使用的量表，从3个方面进行测量，主要包括：可以从其他团队成员那里获取专业知识；成员分享各自的工作经验、工作窍门；成员分享各自的感受、期望。

（4）研发团队创新绩效。主要参考 H Yli-Renko 等（2001）、谢洪明等（2007）关于知识利用和技术创新的量表，包括3个题项，本人在之前的研究中使用该创新绩效量表的信度为 0.817（黄海艳等，2011）。

此外，为了确保研究的有效性和针对性，根据前人的研究建议，本章将团队规模、团队成立的时间等重要因素选为控制变量。

三、问卷的信度和效度检验

本部分采用 Cronbach's α 系数来分析信度，SPSS17.0 分析检验结果显示各变量的 Cronbach's α 系数在 0.70~0.90 间，均达到了较高水平，表明问卷具有良好的信度。效度检验方面，本章使用了其他学者曾用过的较为成熟的量表，并通过咨询相关领域的专家以及进行小样本的预测对量表进行了修订，从而保证了量表具备较好的内容效度。结构效度方面，本章运用 AMOS17.0 进行了验证性因子分析，分析结果如表 7-1 所示，λ/df 在 1~3 间，RMSEA 小于 0.08，GFI、CFI 和 IFI 均大于 0.90，表明各变量具有良好的结构效度。

表 7-1　各变量验证性因子分析结果

拟合指标	λ/df	RMSEA	GFI	CFI	IFI
非正式网络	2.131	0.058	0.930	0.922	0.932
知识共享	2.231	0.053	0.910	0.923	0.912
绩效评价导向	2.212	0.061	0.912	0.927	0.937
创新绩效	1.723	0.032	0.916	0.937	0.916

四、团队数据的整合检验

由于本部分中的变量包含个体水平与群体水平（团队水平）。其中，非正式网络、知识共享、员工感知的绩效评价导向3个变量的数据是通过个体成员的回答来获取的，并在此基础上将测量数据聚合为群体层面数据的，因此在加总前须对变量的组间变异和同质性进行检验。在此采用詹姆斯公式来计算各变量的一致性系数 Rwg，计算结果显示 Rwg 值均大于0.85，超过0.70的临界标准，说明用个体测量数据聚合为群体层面的数据是可行的。詹姆斯公式如下：

$$R_{wg(j)} = J[1-(mS_{xy}^2/\sigma_{eu}^2)]/\{J[1-(mS_{xy}^2/\sigma_{eu}^2)]+mS_{xy}^2/\sigma_{eu}^2\}$$

式中：S_{xy}^2 为观测方差；σ_{eu}^2 为假设分布的期望方差；mS_{xy}^2 为各项目观测方差的平均数；J 为项目数量。

第四节 研究结果与分析

本部分采用 SPSS17.0 对变量进行了描述性分析及相关性分析，运用多元回归分析方法考察了各变量之间的关系，并对文中所提出的研究假设进行了检验。

一、变量的描述性分析及变量间的相关性分析

表7-2表示各变量的均值与标准差，以及变量间的相关性。表7-2的结果显示，团队规模与团队存续时间呈负相关（-0.145*），与非正式网络正相关（0.232**）；团队存续时间与非正式网络呈正相关（0.182*）；非正式网络与发展型绩效评价导向水平指数、知识共享、创新绩效呈正相关，相关系数分别为 0.466**、0.721** 和 0.801**；发展型绩效评价导

向与知识共享、创新绩效呈正相关,相关系数分别为 0.721** 和 0.801**;知识共享与创新绩效呈正相关 (0.879**)。研究假设 1 和假设 2 得到初步验证。

表 7-2 变量的描述性统计结果和相关系数矩阵 (N=191)

变量	均值	标准差	1	2	3	4	5	6
团队规模	0.7853	0.74055	1					
团队存续时间	1.1937	1.03067	−0.145*	1				
非正式网络	9.7330	2.48721	0.232**	0.182*	1			
发展型绩效评价导向指数	0.5327	0.15416	−0.007	0.085	0.466**	1		
知识共享	9.0628	2.45512	0.045	0.095	0.721**	0.806**	1	
创新绩效	8.8796	2.02644	0.112	0.120	0.801**	0.777**	0.879**	1

注:** 表示 $p<0.01$;* 表示 $p<0.05$。

二、假设检验

为了进一步明确各变量之间的关系,本部分在考虑团队规模、团队存续时间等控制变量的影响下,对主要变量进行了回归。在进行回归前,对数据进行了标准化以及多重共线性检测,VIF 小于 10,未发现预测变量之间存在明显的共线性问题,说明回归分析的结果是可靠的。

(一) 中介作用的检验

本部分对非正式网络、知识共享和创新绩效之间的关系进行了回归分析。本部分在考虑控制变量的基础上,以非正式网络和知识共享为自变量、以创新绩效为因变量进行了回归分析,分析结果如表 7-3 所示。控制变量在本章设计中基本没有主效应贡献;自变量非正式网络以及中介变量知识共享的回归系数均显著,回归系数分别为 1.679*** 和 0.765***,在控制了中介变量之后,自变量的回归系数 (0.706***) 仍然显著,但比第二步的非正式网络直接作用的回归系数 (1.679***) 有所下降,且中介变量对创新绩效的回归系数仍然显著 (1.272***),即知识共享在非正式网络和创新绩效之间起到部分中介作用。经过计算,中介效应占总效应的比重为 0.765*1.272/1.679=57.96%。假设 H3 得到部分验证。

表 7-3 中介作用回归汇总 (N=191)

变量		第一步 创新绩效	第二步 创新绩效	第三步 知识共享	第四步 创新绩效
常数项		8.880***	8.880***	−8.284E−016	8.880***
控制变量	团队规模	0.269	−0.174	−0.142**	0.006
	团队存续时间	0.281	−0.089	−0.065	−0.006
自变量:非正式网络			1.679***	0.765***	0.706***
中介变量:知识共享					1.272***
R^2		0.032	0.649	0.539	0.830
调整的 R^2		0.021	0.643	0.532	0.827
F 值		3.059*	115.100***	72.908***	227.469***

注:* 表示 $p<0.05$;** 表示 $p<0.01$;*** 表示 $p<0.001$。

(二) 调节作用的检验

在考虑控制变量的影响下,使用分层多元回归对主要变量进行了回归。具体回归分析结果如表 7-4 所示。第一步,将团队规模和团队存续时间 2 个控制变量加入模型 1,R^2=0.013,说明团队规模、团队存续时间能够解释知识共享变异的 1.3%。团队规模、团队存续时间对知识共享的影响很小。第二步,加入非正式网络的主效应(模型 2),模型 2 成立(R^2=0.539,回归系数为 1.879***),表明非正式网络显著影响知识共享,并且能够解释知识共享变异的 53.9%,比模型 1 增加了 52.6%的解释力。假设 1 得到进一步验证。第三步,加入非正式网络与发展型绩效评价导向(模型 3),该模型成立(R^2=0.808),比模型 2 增加了 26.9%的解释力。发展型绩效评价导向与知识共享呈正相关,回归系数为 1.452***。假设 2 得到进一步验证。第四步,加入非正式网络与发展型绩效评价导向的交互项(模型 4),该模型成立(R^2=0.831),比模型 3 增加了 2.3%的解释力,交互项的回归系数为 0.290***,说明发展型绩效评价导向显著增强了非正式网络与知识共享之间的正向关系,假设4得到支持性验证。

表7-4 调节作用回归分析结果汇总（N=191）

变量	知识共享			
	模型1	模型2	模型3	模型4
常数项	9.063***	9.063***	9.063***	8.929***
团队规模	0.148	−0.348**	−0.165*	−0.059
团队存续时间	0.255	−0.160	−0.124	−0.045
自变量：非正式网络		1.879***	1.154***	1.111***
调节变量：发展型绩效评价导向指数			1.452***	1.467***
非正式网络×发展型绩效评价导向指数				0.290***
R^2	0.013	0.539	0.808	0.831
调整的 R^2	0.002	0.532	0.804	0.826
F	1.196	72.908***	195.650***	181.704***

注：* 表示 $p<0.05$；** 表示 $p<0.01$；*** 表示 $p<0.001$。

为了进一步探讨员工感知的绩效评价导向水平对非正式网络与知识共享二者关系的调节作用以及深层次的影响,在此按照Aiken和West（1991）所建议的方法,分别检验了调节变量（发展型绩效评价导向指数）的高分组和低分组情况下的回归系数。图7-2给出了非正式网络与发展型绩效评价导向指数交互影响知识共享的关系模型。以高于均值一个标准差为发展型绩效评价水平高分组,低于均值一个标准差为发展型绩效评价水平低分组,计算所得的回归方程分别为：$Y_{高分}=10.396+1.401x$,$Y_{低分}=7.462+0.821x$,方程的斜率均为正,且高分组的斜率明显高于低分组,表明对于那些发展型绩效评价导向指数低分组的样本,非正式网络与知识共享的关系要弱于那些发展型绩效评价导向指数高分组的样本。所以,发展型绩效评价导向指数对非正式网络与知识共享之间的关系有显著的正向调节作用。假设4得到进一步验证。

第七章 非正式网络对创新绩效的影响：绩效评价导向的调节作用

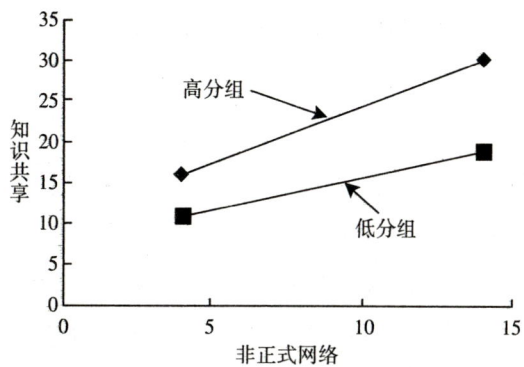

图 7-2 发展型绩效评价导向指数的调节作用示意图

第五节 讨论与启示

一、研究结论与贡献

（一）研究结论

本部分以企业研发人员为研究对象，对非正式网络、知识共享、绩效评价导向、创新绩效之间的关系展开了研究，分析了绩效评价导向对非正式网络与知识共享两者关系的调节作用。同时从知识共享视角，研究了非正式网络作用于创新绩效的机制。通过对 191 个样本的实证研究发现：①非正式网络与知识共享、创新绩效呈正相关；知识共享在非正式网络与创新绩效两者关系中起到部分中介作用。即非正式网络有利于激发团队成员之间的知识共享，成员在非正式网络中的交流机会越多、交流频率越高，越能促进成员之间的信息和知识的分享；非正式网络通过促进成员之间的知识共享进而促进创新。②研发人员感知的发展型绩效评价导向水平在非正式网络与知识共享两者关系中起调节作用，即以发展为目的的发展型绩效评价导向更有利于非正式网络成员之间进行知识共享。③团队规模以及成立时间长短与非正式网络正相关。研究所得到的结论验证了本章提出的研究假设的正确性。

(二) 理论贡献

本部分运用研发人员感知的发展型绩效评价导向指数来表示不同的绩效评价导向之间的关系，克服了以往研究中存在的两个问题：一是将发展型绩效评价导向与管理型绩效评价导向截然分开或完全对立的情况。因为在企业的实际绩效评价中都会包含着发展型绩效评价与管理型绩效评价的，只是两种导向所占比重不一样。二是本部分的绩效评价导向数据来源于对研发人员个体的测量。从员工感知的角度测量组织的绩效考核取向符合绩效评价导向的概念。绩效评价导向是员工感知到的组织使用绩效考核工具的最终目的（Cleveland et al., 1989）。部分文献中对绩效考评导向测量的数据来源于企业高层管理人员或者人力资源部经理处（吴培冠等，2009），企业实施的绩效评价导向与员工感知的绩效评价导向会存在一定差距，因为不同的个体对事物的感受会受到多种因素的影响而不同。员工感知到的绩效评价取向直接影响员工的心理和行为，因此，从员工感知角度来测量绩效评价导向更为恰当。

(三) 实践意义

基于本章的结论，企业应当有意识地采取各种激励措施促进具有高度信任程度的企业内部员工尤其是以创新为主要任务的研发人员之间的非正式网络的形成和建立。并且企业应该制定相应的管理策略，主要是在绩效评价机制上，应该多采用发展型绩效评价导向，增强研发人员的知识共享的回报感，激发其进行知识共享的积极性，进而提高研发团队的创新绩效。

二、研究不足与未来展望

受研究成本、时间等条件限制，本部分仅采集到191个有效样本的截面数据，相对于纵向研究（追踪研究）而言，不能够反映各变量之间的动态关系。例如，组织中员工的流动性使非正式网络具有很强的动态性，网络成员之间的互动机会与动频率会随着员工的流动发生变化，这些变动会对非正式网络、知识共享及创新活动等产生影响。在后续研究中，我们将采用追踪数据来分析非正式网络对知识共享行为之间的影响，从而使结论对企业实践更具有指导意义。

本部分主要从非正式互动机会和互动质量的角度来测量与研究非正式网络，只是探索了非正式网络的冰山一角。在进一步的研究中，将逐步关注不同类型的非正式网络（如情感网络、情报网和咨询网络）、非正式网络的网络关系强度，以及网络密度等对知识共享和创新的影响。

第八章
交互记忆系统对创新绩效的影响

第一节 交互记忆系统、动态能力对创新绩效的影响

一、问题的提出

随着经济全球化进程的不断加速、技术的飞速发展,以及中国经济与社会的转型,中国企业生存与发展所面临的环境日趋复杂。如何在动态环境中有效提升创新能力并改善绩效是企业迫切需要解决的问题。创新实际是新知识的学习和创造,"交互记忆系统"对企业的创新绩效有着积极的影响(Wegner D,1995;王端旭、薛会娟,2011;黄海艳、李乾文,2011)。交互记忆系统不仅为企业进行新知识的学习与创造提供了条件,也是企业创新活动实现的基础。所谓交互记忆系统是指团队成员间形成的一种彼此依赖,用以获得、储存、运用来自不同领域的知识的合作型分工系统(张钢、熊立,2007),包含三个维度:专长性、可信性和协调性(Lewis K,2003)。交互记忆系统对创新绩效具有积极的作用已经得到证实,但鲜有研究关注交互记忆系统影响创新绩效的机理。

为了应对竞争环境的动态性,企业开始重视自身动态能力的建设,

动态能力与创新的关系也受到了学者们的关注。一些研究结论证实了动态能力对企业创新能力起到积极的作用（林萍，2012；金昕、陈松，2015；Malik O R，2009；曾萍、邓腾智、宋铁波，2013）。动态能力是指企业不断地对其资源和能力进行整合、配置，并根据外部环境的变化对其进行重组的能力（董保宝、葛宝山、王侃，2011；辛晴、杨蕙馨，2012）。

国内外学术界强调了交互记忆系统、动态能力都对企业创新绩效有积极作用。也从理论上说明了交互记忆系统是企业获得动态能力的源泉（Mille K，2012），尚缺乏实证研究。交互记忆系统、动态能力、创新绩效这三者之间关系如何，以及三者之间的作用机制是什么，这些问题目前鲜有研究，而这些问题是企业创新理论及创新实践必须解决的关键。

二、研究设计

（一）研究假设

（1）交互记忆系统与动态能力的关系。动态能力主要来源于企业对新知识的获取、融合、创新和应用，具体包含环境适应能力、组织变革能力、资源整合能力、学习能力和战略隔绝机制。交互记忆系统是企业在其特定的实践过程中为完成特定的任务而形成的（Ren Y et al.，2013）。企业可以凭借其所拥有的独特的且无法模仿的交互记忆系统来培育自身的动态能力（Argote L，2014），来应对环境的变化，这体现在三个方面：首先，有助于构建新的知识资产。交互记忆系统中成员知识的专长性可以帮助企业识别环境的变化，搜寻各种信息并发现新的机会（Teece D，2015）。其次，重新配置现有的知识资产。当新机会被识别后，企业可以借助于交互记忆系统来整合各成员间的专长以适应新任务的需要。最后，集成现有知识资产。动态能力来源于企业对新知识的获取、融合、创新和应用（殷群、李丹，2014），当企业成功地获得一个新机会时，企业内部会将在机会探索过程中形成的知识和路径融入企业的运作过程中。交互记忆系统在促进工作团队内部互动过程中可以将已有的知识资源融入新的工作任务中，而形成新的知识。基于上述分析，提出假设1。

H1：交互记忆系统对企业的动态能力有积极影响；

H1a：专长性对动态能力的各维度有积极影响；

H1b：可信性对动态能力的各维度有积极影响；

H1c：协调性对动态能力的各维度有积极影响。

（2）动态能力与创新绩效的关系。进入新经济时代，企业生存和发展面临着快速的内外部环境的变化，企业必须根据创新需求对各种资源进行整合、调整。动态能力所具有的复杂性、持续性、专属性、难以复制和模仿等特性使其成为企业持续竞争优势和高水平绩效的重要来源（刘晓静，2013）。由于创新过程中充斥着各种不确定性，若企业具备很强的动态能力，会促进企业资源的整合与重构并将该过程持续地推进，促进创新活动的开展。环境适应能力和组织变革能力可以提高企业寻找和利用市场机会的能力，这有助于企业在复杂的环境中发现潜在的变化趋势，从而激发有关创新的点子；资源整合能力，即企业对各类资源和任务进行协调匹配与高效快速的调整的能力，其可以消除工作流程中的障碍，获得更高的生产效能；组织的学习能力可以提高成员理解和管理组织及其环境的能力，进而提升创新绩效；战略隔绝机制使得产品创新获得领先优势。总之，企业的动态能力对企业的创新活动发挥着重要作用。因此，提出假设2。

H2：动态能力正向影响创新绩效；

H2a：环境适应能力正向影响创新财务绩效和创新成长绩效；

H2b：组织变革能力正向影响创新财务绩效和创新成长绩效；

H2c：资源整合能力正向影响创新财务绩效和创新成长绩效；

H2d：学习能力正向影响创新财务绩效和创新成长绩效；

H2e：战略隔绝机制正向影响创新财务绩效和创新成长绩效。

（3）交互记忆系统与创新绩效的关系。交互记忆系统对创新活动具有重要意义，交互记忆系统的特性使其成为获得竞争优势的一个重要来源。

当问题变化、知识老化和技术落后时，交互记忆系统就更能体现出自身价值，提高企业适应异常问题和员工适应新任务的能力。具有高水平交互记忆系统的团队更有创造力（Gino F，2010），团队可以在知道"谁知道什么"的基础上重新配置现有知识来产生新产品或服务。交互记忆系统的协调性和专长性有利于提高合作学习的效率和效果，进而提高创新绩效（Nicolas M，2009）（王端旭、薛会娟，2013）。在交互记忆系统中，不同领域的知识由各自的专家负责，减轻了个体的认知负担，减少了成员间信息的重复，提升了工作效率。交互记忆系统的"可信性"可以促进成员之间的信息和知识的共享（林筠、王蒙，2014），为创新提供所需知识。在此基础上，提出假设3。

H3：交互记忆系统对企业的创新绩效有积极影响；

H3a：专长性对创新财务绩效和创新成长绩效有积极影响；

H3b：可信性对创新财务绩效和创新成长绩效有积极影响；

H3c：协调性对创新财务绩效和创新成长绩效有积极影响。

（4）动态能力的中介作用。综上分析，随着企业交互记忆系统的不断完善和发展，企业"整合、构建、重新配置其内外部资源的能力"越来越强，进而对动态能力的发展产生积极的影响。当资源经过整合和合理配置后，企业能提升其各种动态性能力，而动态性能力的提升会促进创新活动的进行，并提高企业创新绩效（Wu L，2010）。此外，交互记忆系统不仅在稳定的环境中能够发挥作用，而且在动态环境中同样能够发挥作用，其有利于组织尽快地适应新任务，促进知识分享以及提高成员间的沟通质量，最终促进企业技术绩效的提高（Chen X. G，2013）。因此提出假设4。

H4：企业的动态能力在交互记忆系统与创新绩效的关系中起到中介作用；

H4a：专长性在动态能力与创新财务绩效的关系中起到中介作用；

H4b：专长性在动态能力与创新成长绩效的关系中起到中介作用；

H4c：可信性在动态能力与创新财务绩效的关系中起到中介作用；

H4d：可信性在动态能力与创新成长绩效的关系中起到中介作用；

H4e：协调性在动态能力与创新财务绩效的关系中起到中介作用；

H4f：协调性在动态能力与创新成长绩效的关系中起到中介作用。

根据上述理论分析和研究假设，各变量之间的关系如图8-1所示。

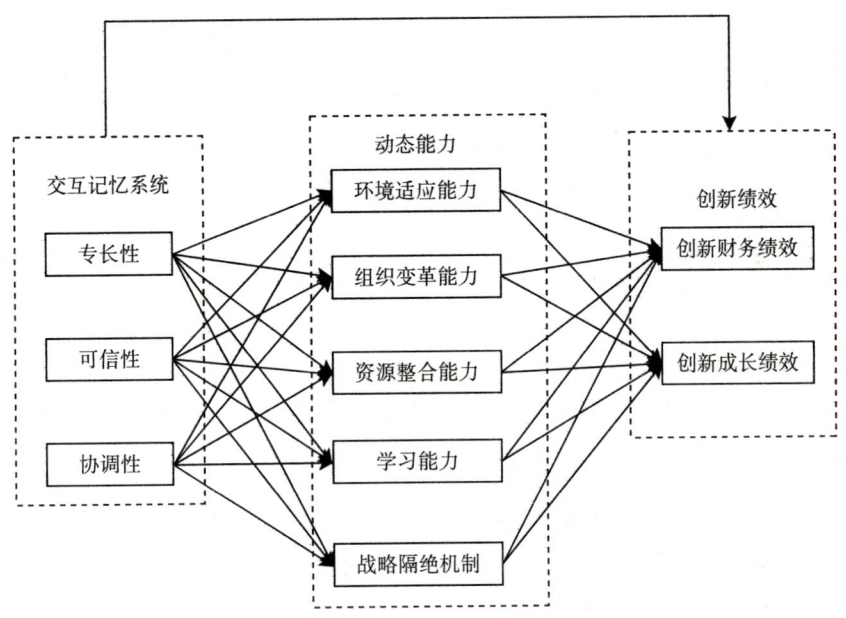

图8-1　交互记忆系统、动态能力对创新绩效的影响

（二）研究方法

（1）数据收集。本部分采用问卷调查的方法收集数据，通过两个渠道发放问卷：一是由南京各高校的MBA和EMBA学员协助发放到其所服务的企业，请相关人员填写；二是由各地的企业家协会协助联系有关企业进行调查。交互记忆系统问卷主要由企业中的团队负责人进行填写，共有1506个团队负责人参与了问卷的填写，有效回收问卷数为1231份，然后将个体数据汇聚到组织层面上，代表该企业的交互记忆系统的水平。动态能力和创新绩效由企业的总经理或财务总监填写，发放问卷300份，

回收 256 份，剔除不合格问卷，最后获得有效样本 229 个。本次调查所涉及的企业主要位于长三角地区，企业人数 50~3000 多不等，行业分布如表 8-1 所示。

表 8-1 样本的分布情况（N=229）

行业性质	IT 企业	医药企业	水利科技研发企业	电子企业	运输企业	金融企业	合计
数量（家）	39	60	8	72	29	21	229
比例（%）	17.31	26.20	3.49	31.44	12.66	9.17	100
企业性质	国有企业	民营企业	中外合资企业				合计
数量（家）	56	129	44				229
比例（%）	24.45	56.33	19.21				100

（2）变量的测量。本章选用的量表都是国内外现有文献已使用过的。在问卷设计方面，除基本资料外，本章所有变量均采用 Kikert 5 级设计，从"完全不同意"到"完全同意"，依次计 1~5 分。

交互记忆系统的测量采用 Lewis（2003）开发并修改的问卷，包括专长性、可信性和协调性 3 个维度，每个维度有 5 个题项，共计 15 个题项。动态能力的测量参考董保宝等设计的问卷，包括环境适应能力 5 项指标（Gibson C B，2004）、组织变革能力 7 项指标、资源整合能力 6 项指标（Ge B S，2008）、学习能力 6 项指标（Zahra S A，2002）和战略隔绝机制 5 项指标，共计 29 个题项。创新绩效从创新创新财务绩效和创新成长绩效 2 个维度进行测量。创新财务绩效包括 3 个题项，创新成长绩效包括 4 个题项。

（3）问卷的信度和效度检验。运用 SPSS16.0 对问卷的信度进行了分析，结果显示，各变量的 α 系数在 0.720~0.90 间，符合研究需要。效度检验方面，采用其他学者验证过的较为成熟的量表，并通过咨询相关领域的专家以及进行小样本的预测对量表进行了修订，来保证量表具备较好的内容效度。结构效度方面，本章运用 AMOS17.0 进行了验证性因子分析，分析结果如表 8-2 所示，λ/df 在 1~3 间，RMSEA 小于 0.08，GFI、CFI 和 IFI 均大于 0.90，说明各变量具有良好的结构效度。

表 8-2　各变量验证性因子分析结果

拟合指标	λ/df	RMSEA	GFI	CFI	IFI
交互记忆系统	2.15	0.06	0.93	0.92	0.92
动态能力	2.13	0.06	0.91	0.97	0.97
创新绩效	1.72	0.03	0.96	0.97	0.96

（4）团队数据的整合检验。本部分涉及变量中的交互记忆系统为群体层面现象，该数据是以个体为施测对象，并在此基础上将测量数据聚合为群体层面数据，因此在加总前，对变量的组间变异和同质性进行检验，并计算了交互记忆系统的群体内部一致性，群体内部一致性系数 Rwg 为 0.83，超过 0.70 的临界标准，说明用个体测量数据聚合为群体层面数据是可行的。

三、实证分析

本部分采用 SPSS16.0 对变量进行了描述性分析及相关性分析，运用多元逐步回归分析方法考察了各变量间的关系，并检验了文中所提出的假设。在进行回归前对数据进行了标准化及多重共线性检测，VIF 小于 4.5，未发现预测变量之间存在明显的共线性问题，说明回归分析的结果是可靠的。

（一）变量的描述性分析及变量间的相关性分析

各变量的描述性分析及相关性结果如表 8-3 和表 8-4 所示。交互记忆系统与创新绩效之间的相关性为 0.649**，交互记忆系统与动态能力的相关性为 0.874**，动态能力与创新绩效之间的相关性为 0.577**。假设 H1、H2 和 H3 得到初步验证。

表8-3 变量的描述性分析（N=229）

变量	最小值	最大值	均值	标准差	变量	最小值	最大值	均值	标准差
交互记忆系统	15.00	56.00	42.95	9.89	动态能力	33.00	118.00	84.68	19.29
专长性	5.00	20.00	14.47	3.94	环境适应能力	7.00	29.00	16.10	4.85
可信性	5.00	20.00	14.05	3.49	组织变革能力	2.00	30.00	19.15	5.58
协调性	5.00	21.00	14.43	3.55	资源整合能力	6.00	27.00	18.03	5.01
创新绩效	10.00	32.00	19.69	4.55	学习能力	5.00	23.00	16.26	4.61
创新财务绩效	4.00	14.00	8.63	2.41	战略隔绝	5.00	23.00	15.10	5.12
创新成长绩效	4.00	18.00	11.07	2.98					

表8-4 变量间的相关性分析结果

	动态能力	创新绩效
交互记忆系统	1	
动态能力	0.874**	1
创新绩效	0.577**	0.649**

注：** 表示 $p < 0.01$。

（二）交互记忆系统对创新绩效的影响

以交互记忆系统的3个维度为自变量，分别以企业创新绩效的2个维度为因变量进行回归分析，分析结果如表8-5所示。交互记忆系统的专长性和协调性对于创新财务绩效和创新成长绩效均有显著的积极影响，可信性对创新成长绩效有一定的消极影响（标准化回归系数为-0.507）。假设H3a和H3c得到验证，H3b没有得到验证。

表 8-5　交互记忆系统对创新绩效的影响

自变量	因变量：创新绩效	
	创新财务绩效	创新成长绩效
专长性	0.359***	0.201*
可信性	0.118	−0.507
协调性	0.264*	0.239*
F 值	61.472***	11.112***
Adjusted R^2	0.442	0.17

注：* 表示 $p<0.05$；** 表示 $p<0.01$；*** 表示 $p<0.001$。

（三）交互记忆系统对动态能力的影响

以交互记忆系统的 3 个维度为自变量，分别以动态能力的 5 个维度为因变量进行回归分析，结果如表 8-6 所示，交互记忆系统的专长性和协调性对于企业动态能力的 5 个维度均有显著的积极影响，可信性仅对动态能力中的资源整合能力和学习能力有显著的积极影响。假设 H1a 和 H1c 得到验证，H1b 部分得到验证。

表 8-6　交互记忆系统对动态能力的影响

自变量	因变量				
	环境适应能力	组织变革能力	资源整合能力	学习能力	战略隔绝
专长性	0.237***	0.259***	0.268***	0.370***	0.264**
可信性	0.060	0.107	0.246***	0.180*	0.142
协调性	0.202*	0.426***	0.329***	0.240**	0.369***
F 值	23.237***	82.386***	103.648***	77.789**	72.890***
Adjusted R^2	0.276	0.516	0.574	0.501	0.486

注：* 表示 $p<0.05$；** 表示 $p<0.01$；*** 表示 $p<0.001$。

（四）动态能力对企业创新绩效的影响

以动态能力的 5 个维度为自变量，分别以企业创新绩效的 2 个维度为因变量进行回归分析，分析结果如表 8-7 所示。动态能力中的环境适应能力对创新成长绩效有显著的积极影响，组织变革能力对创新财务绩效有显著的积极影响；战略隔绝能力对创新财务绩效和创新成长绩效均有显著的积极影响；学习能力对创新成长绩效有一定的消极影响（标准化回归系数为-0.022）；资源整合能力对企业创新绩效的影响不显著。假设 H2a 和 H2b 得到部分验证，H2e 得到验证，H2c 和 H2d 没有得到验证。

表8-7 动态能力对企业创新绩效的影响

自变量	因变量	
	创新财务绩效	创新成长绩效
环境适应能力	0.018	0.189**
组织变革能力	0.347***	0.118
资源整合能力	0.052	0.138
学习能力	0.089	−0.022
战略隔绝	0.357***	0.161*
F 值	44.979***	12.228***
Adjusted R^2	0.490	0.197

注：* 表示 $p<0.05$；** 表示 $p<0.01$；*** 表示 $p<0.001$。

（五）动态能力的中介作用检验

本部分在考虑控制变量的基础上，以交互记忆系统和动态能力为自变量，分别以企业创新绩效的2个维度为因变量进行了回归分析，分析结果如表8-8所示，控制变量在本部分设计中基本没有主效应贡献；动态能力在交互记忆系统的专长性和创新财务绩效的关系中起部分中介作用；动态能力在交互记忆系统的专长性和创新成长绩效关系中起完全中介作用；动态能力在交互记忆系统的协调性与创新绩效关系中起完全中介作用。假设 H4 得到部分验证，H4a、H4b、H4e 和 H4f 得到验证，H4c 和 H4d 没有得到验证。

表 8-8 交互记忆系统、动态能力对企业创新绩效的回归分析（N=229）

变量		第一步				第二步		第三步			
		创新财务绩效		创新成长绩效		动态能力		创新财务绩效		创新成长绩效	
		Beta	t	Beta	t	Beta	t	Beta	t	Beta	t
控制变量	行业	0.134	0.847	0.030	1.051	0.427	2.544**	0.072	0.456	0.011	0.346
	性质	−0.336	−3.642***	0.017	0.330	−0.123	−1.223	−0.320	−3.202***	0.008	1.230
自变量	专长性	0.359	5.045***	0.201	2.237*	0.370	7.999***	0.212	2.719**	−0.018	−0.186
	可信	0.118	1.384	−0.057	−0.529	0.189	3.401***	0.043	0.511	−0.168	−1.600
	协调性	0.264	3.094**	0.239	2.228*	0.412	7.456***	0.100	1.084	−0.005	−0.042
自变量	动态能力							0.397	4.003***	0.591	4.801***
R^2		0.449		0.129		0.768		0.486		0.210	
F 值		61.472***		11.112***		249.719***		53.174***		14.910***	

注：* 表示 $p<0.05$；** 表示 $p<0.01$；*** 表示 $p<0.001$。

四、主要研究结论及展望

（一）本部分的主要结论

本部分基于现有研究的综述，以 229 个企业为研究对象，对企业的交互记忆系统、动态能力对企业的创新绩效的影响机制进行了理论分析和实证研究，研究结论如下：

（1）交互记忆系统的专长性和协调性对创新绩效有显著的积极影响，可信性对财务创新绩效有积极的影响，但对创新成长绩效有一定的消极影响。这是本部分的新发现，在前人的相关研究中没有提及。成员之间对对方知识的信任有利于财务创新绩效，但不利于创新成长绩效，其原因是在高交互记忆系统中，团队成员在完成特定任务时，会按照个人专长进行任务分配，每个成员的工作均具有相对独立性，会促进工作效率提高，进而提高财务绩效。在相对独立的工作中，团队成员之间交流与沟通的机会就会减少，导致发生思想碰撞的机会变少，进而使产生新知识的机会减少。

（2）交互记忆系统的专长性和协调性对于企业动态能力的5个维度均有显著的积极影响，而可信性仅对动态能力中的资源整合能力和学习能力有显著的积极影响。该结论与Miller等的研究结论基本一致。

（3）动态能力对企业创新绩效有积极影响，但并不是所有的能力都对创新绩效有正向影响。本部分在研究中就发现学习能力与创新成长绩效呈负相关，这异于大部分现有研究中认为学习能力对创新有积极的作用。造成这种差异的原因可能是：在学习能力与创新之间存在其他变量影响，如员工所学知识与组织任务目标的吻合程度，员工将新知识转化为生产力的水平等都会影响学习能力与创新绩效之间的关系。

（4）动态能力在交互记忆系统与创新绩效关系中起到中介作用。其中，动态能力在专长性与创新财务绩效关系中起部分中介作用，在专长性与创新成长绩效关系中起完全中介作用，在协调性与创新绩效关系中起完全中介作用。

（二）管理启示

本部分结果可以为企业的管理实践提供一定的理论依据及实践指导。

（1）企业应为交互记忆系统的构建创造条件，并结合企业的发展目标，发挥交互记忆系统在创新中的积极作用。例如，发挥交互记忆系统的专长性和协调性在创新财务绩效中的促进作用；在追求创新的成长绩效时，尽量避免可信性的消极影响，在员工各自负责自己的专长的基础上，为员工创造交流的机会。企业的管理层，一方面，可以制定有关激励政策来促进团队成员对彼此专长的认识和信任，整合团队专长，提高团队的创新绩效；另一方面，利用交互记忆系统来诊断团队知识和技能的利用与整合程度，帮助低绩效团队提升创新能力，改善绩效（林晓敏、林琳、王永丽等，2014）。此外，企业应该招揽各类专业人才，优化各团队成员（尤其是研发团队成员）的知识结构，建立包含不同专业的知识库。

（2）积极培育企业的动态能力。动态能力的培育是一个长期而艰难的过程。企业在着力培育动态能力时要从组织设计、组织学习和人力资源管理三个方面入手，同时要根据企业的自身战略及内外部环境的变化来提升与战略相关的各类动态能力。此外，企业领导者应该清楚，决定企业竞争优势的动态能力是一个动态的能力组合，各能力因子的权重及具体能力表现形式随着环境的改变而自发或自觉地进行演进、调整，所以企业在培育动态能力时要根据内外部环境的变动而适时变化，即在企业暂时处于领先地位时，就要积极寻求新的动态能力。管理层需注意到企业动态能力对企业的短期绩效和长期绩效会产生不同的积极影响。企业在追求创新绩效时，需区别对待动态能力各维度的作用，并为这些能力发挥积极作用提供条件。

（三）本部分的不足与展望

（1）动态能力所包含的维度具有动态性，本部分参考前人的观点将其分为5个维度，是否适合各种类型的企业或企业发展的不同生命周期有待进一步论证。在后续的研究中，应该进一步探索不同类型企业或企业的不同生命周期的动态能力的内涵，从多维度的角度来研究动态能力与创新的关系。

（2）本部分研究结果的一般性问题亟待解决。本部分采用的样本主要集中于长三角地区，具有明显的地域性，并且长三角地区整体的经济发展水平和企业发展层次较高，在进一步的研究中将从更广泛的地区采集样本，来验证本模型提出的假设。

（3）在时间跨度上，企业的交互记忆系统、动态能力等都是一个动态的变量，本部分采用的横向数据收集法，无法全面地揭示交互记忆系统、动态能力和创新在企业发展的整个生命周期内的作用机制和路径。在未来的研究中将进行追踪研究，全面地研究交互记忆系统和动态能力对创新的影响。

（4）本部分的研究模型中较少考虑企业外部环境因素的影响。企业培育动态能力的主要目的是应对外部环境的竞争性，因此，在未来研究中需要进一步加强对外部环境的分析，在研究模型中引入外部环境因素变量。

第二节 交互记忆系统与研发团队的创新绩效：心理安全的调节作用

一、问题的提出

团队作为知识创造和创新的主体受到广泛的关注。如何使有着不同知识背景的团队成员能够高效地完成各种复杂的团队任务呢？就需要组织管理者采取相应的管理策略。波特（2005）认为，对知识的充分利用是一种管理责任，也是一种系统化、有组织的方法。只有当团队成员之间能够实现团队知识的共享和不同专有知识的整合，最终才能完成团队知识创造和创新。团队的每个成员不可能都成为各个领域的专家，但需要了解各种可调用的资源，特别是默会知识的所在位置，能意识到"谁知道什么"也是组织中重要的知识。当团队成员在遇到困难时或需要某一领域知识时，就可向掌握该专业知识的成员求助，被求助者能运用存储的知识帮助求助者解决问题，这样就可以减少成员间的信息重复性，提高团队工作效率。如何做到"知道'谁知道什么'"就成为关键所在。Wegner等（1986）提出了"交互记忆系统"概念，交互记忆系统是指团队成员之间形成的用以获得、储存、运用来自不同领域的知识的合作型分工及彼此依赖的系统，它强调团队成员之间的专长配置意识，因而该概念自提出以来就受到了研究者们的关注。

交互记忆系统对绩效（或创新绩效）具有积极影响作用，在现有研究中都得到直接或间接证明了。目前关于交互记忆系统的研究主要集中于两个方面：①研究影响交互记忆系统形成的因素。如林筠等（2006）认为，共享领导对交互记忆系统具有正向促进作用。李浩和黄剑（2018）

认为，团队知识隐藏会对交互记忆系统产生不利影响，是交互记忆系统的一个重要的阻碍因素；削弱了交互记忆系统的功能，并且不利于团队成员间建立信任关系，其中包括认知信任和情感信任的建立与维持。②将交互记忆系统作为中介变量，分析在某些自变量与绩效之间的中介作用。如黄海艳等（2016）的研究认为，交互记忆系统在人际信任与创新绩效之间起完全中介效应。史丽萍等（2016）认为，交互记忆系统在团队自省性与团队学习能力关系间起中介作用。薛会娟（2014）认为，知识分享和团队效能感对交互记忆系统与团队创造力的关系具有中介作用。吕逸婧等（2018）的研究发现，高管团队交互记忆系统对组织绩效具有显著的正向影响；战略柔性在高管团队交互记忆系统与组织绩效的关系中起着部分中介作用。

上述研究中大多隐含性地假设团队交互记忆系统一旦形成就会发挥其效用，忽视了在实际的工作情境中，诸多情景变量对交互记忆系统作用的结果产生相应的影响。张钢等（2013）的研究表明，情境变量会对交互记忆系统效应的发挥产生一定的影响。团队层面心理安全指团队成员共同认为在团队内承担人际风险是安全的，相信团队不会为难、拒绝或者惩罚勇于发表真实意见的人，是团队成员的一种共同信念。如Edmondson（2014）研究认为，团队心理安全是对团队成员愿意主动承担风险程度的预测。在实际工作中我们也可以发现，只有当人们在感到安全时，才能愿意分享自己的想法，才会产生积极的学习行为和创新。为此探讨团队的心理安全对交互记忆系统与创新绩效的影响非常重要。本部分拟在文献梳理的基础上，运用实证研究的方法探讨作为交互记忆系统载体的"人"的心理感受中的一个主要维度——心理安全，对交互记忆系统与其结果变量创新绩效之间的关系的影响。

二、文献回顾与研究假设

(一) 交互记忆系统与团队创新绩效

交互记忆系统的概念由 Wegner 等于 1986 年提出，认为交互记忆系统是团队中每个成员所拥有知识的总和，以及关于"谁知道什么"的集体意识，强调团队成员对他人专长的一种"共享意识"。Lewis（2002）认为，交互记忆系统是"学习、记忆和交流团队知识的合作性分工系统"，其强，调对团队成员分布式专长的利用和整合，以及对成员知识价值的最优化。也有研究认为，交互记忆系统是组织在其特定的实践过程中为完成特定的任务而形成的（Ren Y et al.，2011）。在本部分中采用 Lewis 提出的定义。

交互记忆系统对团队创新具有积极的促进与提高作用。创新是指新知识的学习和创造，具体包括：提供新产品和服务、采用新流程、新管理方法及创造新技能或能力等（Wolfe R A，1994）。交互记忆系统作为"以编码、储存、检索和交流来自不同领域的信息的合作性认知分工系统"对企业的创新绩效有积极影响，已得到相关研究者的证实（王端旭、薛会娟 2011；黄海艳、李乾文，2011）。同时，由于交互记忆系统具有独特性和无法模仿的特性（Argote L，2012），从而保证了企业能够借助交互记忆系统培育独特的创新能力。并且交互记忆系统能使团队成员迅速获得多个领域的专业知识，改善知识的整合过程。在交互记忆系统发展成熟的团队中，每个成员主要精力都集中于个体专长领域的深入学习上，并随着团队承担的任务日益复杂，要求每个成员具备完成任务所需的全部知识是不可能的，团队成员必须通过知识和技能的互补来实现协同效应。成员在专长领域的深入学习会强化成员对现有知识的整合和应用能力，激活团队原有的知识并产生创新。同时，在有效分工下，会为团队带来多样化的知识，增强团队从不同角度看问题的能力，有助于创造性地解决问题，提高团队创新绩效。团队交互记忆系统还可以通过群体智力来影响创新绩效,这主要在于团队运行过程是一个包含知识的交流和分享的互动过程,同时也是一个人际互动过程。创新想法及隐性知识的转移大部分存在于成员的交往与互动中,团队成员通过互动来不断磨合并促进团队绩效的提高(席酉民等,2008)。交互记忆系统对团队创造力有显著正效应,交互记忆系统的3个维度会积极促进团队内知识有效的转移,进而影响创新绩效(王端旭等,2013;Noroozi O,2013;Pullés D C,2013)。

Lewis(2014)提出了交互记忆系统包含3个维度:专长性、可信性和协调性。专长性指团队成员在知识处理过程中具有专门化和差异化的知识,能够提高信息检索速度和准确度,降低企业内部知识分享成本。交互记忆系统使得研发团队成员熟悉彼此的知识领域并建立知识目录,并以此引导知识分配和检索协调,这比单纯依赖知识分享更能增加组织中可用知识的总量,实现团队知识的增值。团队成员相互了解彼此的特殊技能和知识,交互记忆系统通过对组织成员专长的系统性整合,有助于成员从整体上把握知识的要领,同时侧重于分布式专长的利用,实现成员知识价值最大化。交互记忆系统的"专门化"还可以缩减团队成员对所需要知识的搜寻过程,为团队探索未知创造便利条件(Argote L,2011)。

可信性指团队成员在完成任务时对彼此所提供知识和信息可信程度的感知。研发团队基于对成员专长的共同理解分配各自所负责的任务领域。当成员信任彼此间的专长时,在分配任务时就能够在团队中找到最合适的人担任相应的任务。这样,不仅可以减少团队成员间的知识过剩,更重要的是节约了时间,让各个成员专门从事其最擅长的工作,达到提高团队工作绩效的目的。同时,交互记忆系统的"可信性"为团队成员间的对话和共享式沟通提供支持,会促进成员之间信息和知识的交换,从而提升团队现有知识(林筠、王蒙,2014),为创新活动积累所需知识。

协调性是指团队成员在项目执行过程中能否顺利而充分地整合和利

用彼此的知识及专长。协调性有助于消除工作障碍、减少负面冲突。在团队中，具有交互记忆系统组织的团队绩效要显著高于缺乏交互信息沟通的组织，这是因为团队的成员随着交往的深入，会促进彼此间的了解，清楚各自所擅长的领域，并且随着成员间的信任程度日渐加深，会增强团队的协调性，进而促进交互记忆系统的成熟度与稳定性。王端旭等（2016）认为，交互记忆系统的专长性和协调性维度对团队创造力存在积极影响。Miehinov（2016）的研究发现，交互记忆系统中的协调性和专业化有利于提高合作学习的效率和效果，进而提高团队绩效。因此，在此基础上提出研究假设 1。

H1：交互记忆系统与团队创新绩效间存在显著正相关；

H1a：交互记忆系统的专长性与团队创新绩效间存在显著正相关；

H1b：交互记忆系统的可信性与团队创新绩效间存在显著正相关；

H1c：交互记忆系统的协调性与团队创新绩效间存在显著正相关。

（二）团队心理安全的调节效应

团队心理安全概念由 Edmondson 于 1999 年首次提出，认为团队层面心理安全指团队成员的一种共同信念，成员一致认为在团队内承担人际风险是安全的，相信团队不会为难、拒绝或者惩罚勇于发表真实意见的人，强调团队心理安全是对团队成员愿意主动承担风险程度的预测，而不是团队成员感到舒适的心理状态。目前，对团队心理安全的研究大多采用或参考 Edmondson 的定义，本部分也采用该定义。

团队心理是团队内大多数成员心理的集中体现，也是团队成员的共同心理需求的反映，会影响团队成员的行为和表现。Edmondson 的研究发现，只有人们在感到安全的氛围下才能产生积极的学习行为和创新。心理安全是员工愿意分享知识的关键影响因素。交互记忆系统要求团队成员具备协调和整合知识、信息的能力。为达此目的，团队成员首先要熟悉彼此的专长，但团队成员需为此承担一定的风险，即让他人了解自己的专长并分享专业知识经验，可能会令自身的工作优势受到威胁，因此知识的分享行为只有在个体愿意承担风险的前提下才会发生。团队心理安全实际上关注和反映的是团队中人际关系的情况（方琦，2011）。当团队领导营造一种积极的有利于成员间建立人际关系的良好氛围时，那么团队成员就会形成一种不怕报告错误的信念。团队心理安全能够帮助团队成员形成一种勇于承担风险的信念，可以弱化甚至消除人际风险，从而开始并继续他们的分享行为。此外，那些有共享动机或是负责发动知识共享行为的成员往往也会有顾虑，如自己提出新观点、指出别人的错误、寻求他人帮助等行为是否会给自身带来负面影响。这些现象实际就是低安全度状态，会降低团队成员间沟通与交流的频率，制约交互记忆系统效用的发挥。在心理安全水平较高的团队中，成员间信息和知识交流会更充分，这些都有助于成员之间互相了解知识专业的分布，以及对成员所拥有的专长经验、信息和知识的信任，最终促进交互记忆系统发挥其效用，提高组织创新绩效。只有当团队心理安全程度较高时，员工才有可能减弱对丧失竞争优势和暴露自身弱点的顾虑，积极进行知识交流和共享。

团队成员之间知识分享不仅取决于彼此的知识存量，更受团队成员心理安全感强弱的影响。当员工感知到的风险和不确定增加时，更倾向于保护自身的利益，排斥与他人进行知识分享与交流。基于此，本部分提出假设2。

H2：团队心理安全在交互记忆系统与创新绩效之间起调节作用。即相对于低水平的团队心理安全而言，高水平的团队心理安全感更有利于增强交互记忆系统对创新绩效的影响程度。

H2a：团队心理安全在交互记忆系统的专长性与创新绩效之间起调节作用。即相对于低水平的团队心理安全而言，高水平的团队心理安全感更有利于增强交互记忆系统的专长性对创新绩效的影响程度。

H2b：团队心理安全在交互记忆系统的可信性与创新绩效之间起调节作用。即相对于低水平的团队心理安全而言，高水平的团队心理安全更有利于增强交互记忆系统的可信性对创新绩效的影响程度。

H2c：团队心理安全在交互记忆系统的协调性与创新绩效之间起调节作用。即相对于低水平的团队心理安全而言，高水平的团队心理安全更有利于增强交互记忆系统的协调性对创新绩效的影响程度。

本部分的理论模型如图8-2所示。

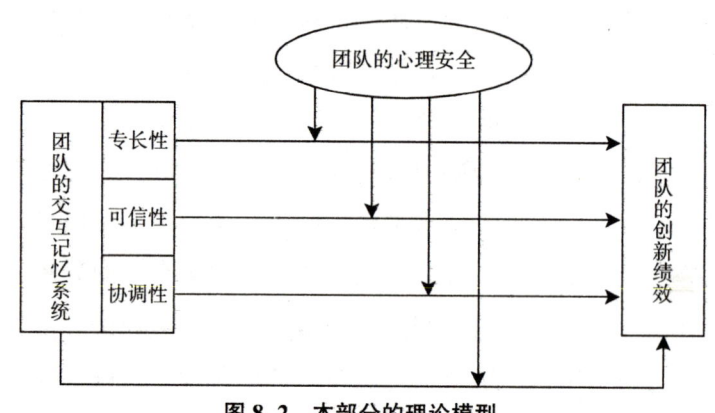

图8-2 本部分的理论模型

三、研究设计

（一）样本与数据收集

本次调查在江苏和浙江2省企业中进行，涉及的行业主要包括水利、通信、电器和汽车制造等。调查以研发团队为单位，共61个，团队人数为4~23人不等。在正式开展调查开始前，邀请了30位研发人员进行了初步试测，以了解量表的语意是否清晰。正式调查采用现场发放并回收的方法进行，回收率为100%。剔除了信息不完整的23份，有效量表为596份，有效回收率为96.28%。有效样本中，男性401人，占样本总数的67.28%，女性195人，占22.72%；本科及以上的423人，占样本总数的70.97%，本科以下的173人，占29.03%。

（二）测量工具

（1）交互记忆系统的测量。交互记忆系统的测量采用Lewis（2003）

和张志学等（2004）究使用的量表为参照主体略加修改。测量包括专长、可信、协调3个维度，共15个题目。采用Likert 5点量表，依"完全不同意"至"完全同意"，分别计1~5分。本章中该量表的信度为0.811。

（2）团队心理安全测量。国外对于团队心理安全测量量表的开发仍处于初期阶段，而国内学者对此研究更少。实证研究以直接运用Edmondson的团队心理安全测量量表为主，该量表包含7个条目。本部分也采用Edmondson提出的量表，请英语专业的研究生进行了双向翻译，采用Likert 5点量表，依"完全不同意"至"完全同意"，分别计1~5分。该量表在本次研究中的信度为0.878。

（3）创新绩效的测量。创新绩效的测量主要参考了谢洪明等（2007）关于知识利用和技术创新的量表进行修改而成的，包括"本团队所提供的新产品、新技术和服务得到客户认可；企业的竞争优势建立在本团队所提供的技术、服务之上；与竞争对手的产品或技术、服务相比，企业盈利水平很好"3个指标。依"完全不同意"至"完全同意"，分别计1~5分。本部分中，创新绩效量表的信度为0.710。

（三）同源偏差检验

本部分的自变量、因变量所有问卷是由同一被试者提供信息，可能存在同源偏差问题。本部分根据前人的研究惯例，采用单因素检验法进行同源偏差检验，将关于交互记忆系统、心理安全、创新绩效的所有题项一起做因素分析，结果抽取了4个特征根大于1的公共因子，累计解释方差61.6%，第一个公共因子解释方差22.3%，未占绝大多数，说明本章的同源偏差问题不明显，可进行下一步的数据分析。

（四）问卷的信度和效度检验

本部分采用Cronbach's α系数来分析信度，各变量的Cronbach's α系数在0.710~0.90间，均达到了较高水平，表明问卷具有良好的信度。效度检验方面，本部分使用了其他学者曾用过的较为成熟的量表，并通过咨询相关领域的专家以及进行小样本的预测对量表进行了修订，由此保证了量表具备较好的内容效度。结构效度方面，本部分运用 AMOS17.0 进行了验证性因子分析，分析结果表明，λ/df 在 1~3 间，RMSEA 小于 0.08，GFI、CFI 和 IFI 均大于 0.90，说明各变量具有良好的结构效度。

四、研究结果

本部分采用 SPSS16.0 对变量进行了描述性分析及相关性分析，运用多元分层回归分析方法考察了各变量之间的关系，并对文中所提出的研究假设进行了检验。在进行回归前对数据进行了标准化及多重共线性检测，VIF 小于 4.5，未发现预测变量之间存在明显的共线性问题，说明回归分析的结果是可靠的。

（一）团队数据的整合检验

本部分中所涉及的变量：创新绩效、团队心理安全及交互记忆系统均为群体层面的现象。由于本部分的数据是来自于个体，需在此基础上将个体数据聚合为群体层面的数据。根据 Klein 等的建议，个体层面测量数据加总为团队层面数据需要满足一些必要条件，即需要对各变量的组间变异和同质性进行检验，分析团队成员评价间的一致性。本部分采用詹姆斯公式计算群体内部一致性系数 Rwg 来进行验证，当 Rwg 大于 0.70 时可将此变量视为具有足够的一致性。计算结果显示 Rwg 在 0.71~0.89 间，均超过 0.70 的临界标准。说明用个体测量数据聚合为团体层面的数据是可行的。

（二）假设检验结果

对所收集的数据进行描述性统计及各变量之间的相关性检验，具体数据如表 8-9 所示。由表 8-9 可见，团队的交互记忆系统与团队的创新绩效呈正相关，相关系数为 0.498**。假设 1 初步得到验证。交互记忆系统的 3 个维度，专长性、可信性和协调性均与团队创新绩效呈正相关，相关系数分别为 0.470**、0.438**、0.515**。假设 1a、假设 1b 和假设 1c 均得到初步验证。

第八章 交互记忆系统对创新绩效的影响

表 8-9 描述性统计及相关性分析（N=61）

	最小	最大	均值	标准差	1	1a	1b	1c	2	3
1. 研发团队的交互记忆系统	15.00	72.00	45.54	15.31	1					
1a. 专长性	5.00	23.00	15.11	15.31						
1b. 可信性	5.00	25.00	15.16	5.18						
1c. 协调性	5.00	25.00	15.25	1.82						
2. 研发团队的心理安全	7.00	28.00	17.03	5.18	0.25	0.292*	0.129	0.281*	1	
3. 研发团队的创新绩效	5.00	12.00	8.38	1.82	0.50**	0.470**	0.438**	0.515**	0.58**	1

注：* 表示在 0.05 水平上显著，** 表示在 0.01 水平上显著，双尾检验。

变量之间的相关分析可以说明变量间是否存在关系，并不能准确表明变量间的影响方向及影响作用的强弱。在相关分析的基础上，采取了多元分层回归技术进一步对研究假设进行检验。根据调节变量的检验步骤，本部分为减少潜在的多重共线问题，将自变量和调节变量进行了标准化处理，并计算了交互项，然后分步放入自变量，调节变量和交互项。但研究没有考虑其他控制变量的影响，如团队规模、团队存续时间长短及人口特征等。具体分析结果如表 8-10 所示。

假设 1 的检验见模型 1 的第一步，标准化系数为 0.498***（p 小于 0.001），支持了假设 1，即交互记忆系统对创新绩效有显著的正向影响。假设 1a、假设 1b 和假设 1c 均得到验证，标准化系数分别为 0.470***、0.438***、0.515***（p 均小于 0.001）。

假设 2 的检验见模型的第三步，模型的第三步的分析结果可见，交互记忆系统×心理安全的交互作用的回归系数显著，标准化系数为 0.279**（p 为 0.003，小于 0.01），所以假设 2 得到验证。即团队心理安全在交互记忆系统与创新绩效之间起调节作用，即相对于低水平的心理安全而言，高水平的团队心理安全，更有利于增强交互记忆系统对创新绩效的影响程度。交互记忆系统的 3 个维度与心理安全的交互作用回归系数显著，标准化系数分别为 0.260** （p 为 0.008，在 0.01 水平上显著）、0.234 （p 为 0.015，在 0.05 水平上显著）、0.307** （p 为 0.01，在 0.01 水平上显著）。假设 2a~2c 均得到验证，如表 8-10 所示。

表 8-10 回归分析结果汇总（N=61）

变量	模型		
	第一步自变量	第二步调节变量	第三步交互项
	标准化系数	标准化系数	标准化系数
自变量（交互记忆系统）	0.498***	0.378***	0.415***
调节变量（心理安全）		0.487***	0.435***
交互项（交互记忆系统×心理安全）			0.279** (0.003)
R^2	0.248	0.471	0.546
ΔR^2	0.236***	0.453***	0.522***
F 值	19.501***	25.810***	22.819**
自变量（专长性）	0.470***	0.328**	0.368***
调节变量（心理安全）		0.485***	0.441***
交互项（专长性×心理安全）			0.260** (0.008)
R^2	0.220	0.435	0.501
ΔR^2	0.207***	0.416***	0.474***
F 值	16.687***	22.356***	19.048***
自变量（可信性）	0.438***	0.369**	0.401***
调节变量（心理安全）		0.533***	0.497***
交互项（可信性×心理安全）			0.234 (0.015)
R^2	0.192	0.471	0.524
ΔR^2	0.178***	0.453***	0.474***
F 值	14.017***	25.833***	20.907***
自变量（协调性）	0.515***	0.382***	0.414***
调节变量（心理安全）		0.473***	0.413***
交互项（协调性×心理安全）			0.307** (0.001)
R^2	0.265	0.471	0.562
ΔR^2	0.252***	0.453***	0.539***
F 值	21.257***	25.845***	24.355***

注：** 表示在 0.01 水平上显著，*** 表示在 0.001 水平上显著，双尾检验。

为更清晰地描述心理安全对交互记忆系统与创新绩效间关系的调节方向及深层次影响，在数据中心化的基础上，绘制了调节变量的高分组和低分组情况下交互记忆系统与创新绩效间的关系图，如图8-3所示。由图8-3可知，在心理安全的水平比较低的情况下，交互记忆系统对创新绩效的正向影响关系的斜率小于心理安全的水平比较高的情形，说明高水平的团队心理安全感能够增强交互记忆系统对创新绩效的影响，进一步验证了假设2。

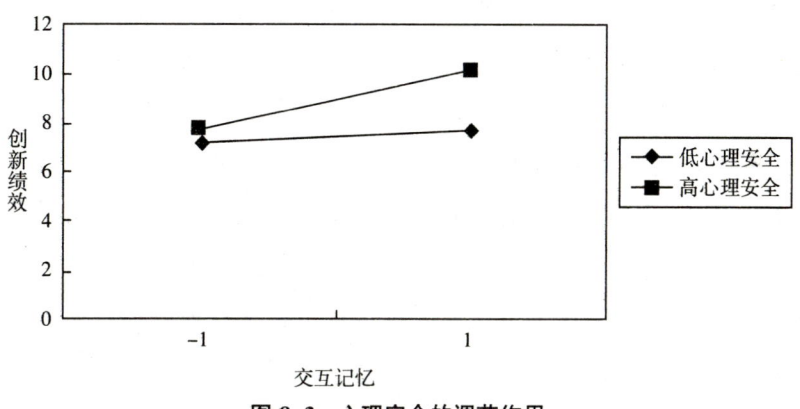

图8-3　心理安全的调节作用

五、结论与讨论

（一）研究结论

本部分以61个研发团队为研究对象，运用问卷调查及实证方法探讨了交互记忆系统与创新绩效的关系，以及心理安全对这两者关系的影响。

研究发现：①交互记忆系统正向影响研发团队的创新绩效，这一研究结论与其他相关研究一致。②团队的心理安全感正向调节交互记忆系统与创新绩效之间的关系。即随着团队成员的心理安全感的增加，会增大交互记忆系统对团队创新绩效的积极影响。③交互记忆系统的3个维度正向影响研发团队的创新绩效；并且团队的心理安全感对交互记忆系统的3个维度与创新绩效之间的关系具有正向调节作用。本部分结论为企业在团队管理中要充分做到"以人为本",重视团队的交互记忆系统建设及关注员工的心理安全问题,提供了理论与实证支撑。

(二) 研究的贡献

(1) 本部分的理论创新主要集中于以下方面:首先,以心理安全为视角,分析交互记忆系统对创新绩效的影响。在前人的研究中,分析交互记忆系统对创新绩效的影响主要基于团队交互记忆系统一旦形成就会发挥其积极效用的假设前提下开展的,实际上交互记忆系统作为团队认知的重要表现形式,其积极作用的发挥受到诸多情景因素的影响,心理安全感是个体行为内部动机的情景影响变量之一。其次,本部分从个体层面与团队层面综合考虑,构建了"交互记忆系统—心理安全—创新绩效"的理论模型,克服了以往研究单一地从组织或团队层面进行研究的局限性,拓展了交互记忆系统的研究视角与研究范围。前人的研究均是从团队层面或组织层面对交互记忆系统及结果变量进行研究。交互记忆系统虽然是团队的认知方式,但交互系统形成、作用的发挥等受到系统中个体的认知与行为的影响。这主要由于交互记忆系统是一个基于团队成员知识的网络,网络内团队成员间的数据、信息和知识的交换与分享都是发生在具体的个体与个体之间,个体因素对其的影响不可忽视,但是创新的过程又是一个团队协作的过程,也需要考虑团队层面的影响。最后,本部分的数据中交互记忆系统、心理安全感都是从个体层面进行收集,然后再聚合为团队层面,以便能更好地体现个体的真实意愿,从而更好地保证研究结论的可靠性。

(2) 本部分结果可以为企业的管理实践提供一定的理论依据。鉴于交互记忆系统对研发团队的创新绩效有积极的影响,以及心理安全感对两者关系的影响,管理者应该重视研发团队的交互记忆系统建设,并努力提升员工的心理安全感。

第一,管理者可以通过制定有关政策促进团队成员对彼此专长的认识和信任,整合团队专长,提高团队的创新绩效,并采用合理的交互记忆系统来诊断团队知识和技能的利用和整合程度，帮助低绩效团队找到解决问题的关键（林晓敏等，2014）。任务相似性和团队内部信任调节交互记忆系统与企业绩效间的关系（Chiang et al.，2014；Hsu et al.，2012；Zheng Y，2012）。

第二，企业在团队建设中，应该招揽各类专业人才，优化团队成员知识结构，建立包含不同专业的知识库。通过建立知识分享机制，实现专长共享和知识价值最大化。通过建立团队成员之间的互信机制，培养互利互惠的信任关系（殷群、李丹，2014），形成良好的心理契约，提高员工的心理安全感和知识共享意愿。增强团队成员协调合作意识，整合和利用成员的分布式专长，减少知识重叠，避免"专长孤岛"（史丽萍等，2013），以促进团队创新绩效的提高。

第三，组织应积极探索有利于创新绩效提高的人力资源管理策略，提升员工心理安全感。组织在薪酬设计上可以注重团队性，将个人的绩效与团队绩效相结合以缓解团队成员因担心自己将专长奉献出来后而失去竞争优势的顾虑。组织还可以设立信息交流建立一个专门用于知识与信息交流的平台，通过这个平台，团队成员可以将新想法、新观点汇集于这个平台上，由平台的负责人进行信息的发布与沟通，可以有效避免员工对所提的解决问题方法或信息不准确而可能导致嘲笑所产生的心理负担等问题，提升员工的心理安全感。

（三）本章的不足

（1）受研究成本、时间等条件限制，本部分仅收集了61个研发团队的截面数据，在实际工作中，研发团队的交互记忆系统是一个持续演进的动态过程，为了能更好地研究交互记忆系统对创新绩效的影响，在后续研究中，应该注重纵向研究。

（2）研究对象局限于研发团队，且没有考虑有关控制变量对研究结果的影响，未来可考虑不同类型团队的情况，以及不同规模、不同存续时间的团队，加强取样的全面性，拓展研究结论的使用范围。

（3）本部分主要分析了研发团队层面的交互记忆系统、心理安全感与创新绩效之间的关系，未来可将相关理论模型提升到组织层面，扩大研究模型的应用范围。

（4）本部分仅探索了心理安全这一个变量对交互记忆系统与团队创新绩效关系的影响。在后续研究中，希望通过更为全面的理论分析及探索性案例分析，识别出其他的调节变量，将其纳入交互记忆系统与团队创新绩效的关系模型中，以建立更为完善的、有解释力的理论模型，进一步提高研究结论的系统性和针对性。

第九章
研发团队的人际信任对创新绩效的影响及作用机制
——以交互记忆系统为中介变量

第一节 问题的提出

长期以来占主导地位的主效应观点一直认为信任直接影响绩效，包括个体的任务绩效和组织公民行为。但实证研究并没有对此提供完全的支持，有研究发现，信任与绩效之间呈正相关，也有研究表明，信任与绩效之间不相关。宝贡敏和徐碧祥（2006）的研究指出，信任对某些变量的影响极有可能是通过其他中介变量来实现的。以信任和知识共享的关系为例，信任就有可能通过对员工组织认同的影响，来影响员工的知识共享意愿。McAllister（1995）的研究表明，经理对同事的情感信任会通过影响对同事基于需要的监督，来对同事绩效产生负面影响。以往研究直接或间接证明交互记忆对群体绩效的积极作用。如伍玉琴和王安民（2010）认为，交互记忆系统作为一种知识管理系统，影响团队的任务完成过程，可以提高团队绩效。

研发团队是一种典型的知识型团队，核心任务是创新，创新更多地依赖于团队成员之间的合作，尤其是智力上的、隐性知识的分享等。团队成员之间的知识尤其是隐性知识的分享，在很大程度上有赖于团队成员对组织、直接主管及同事之间的信任。张春阳和梁启华（2018）研究认为，个体间信任程度越高，越愿意分享知识。因此，交互记忆系统作为一种知识管理系统，是否在研发团队的信任与创新绩效之间起中介作用值得探讨。

第二节　理论基础和研究假设

一、研发团队的人际信任与创新绩效

（一）人际信任

对于信任的系统研究起始于社会学领域，随后逐渐扩展到经济学、管理学、心理学等领域。信任目前还没有一个普遍被接受的明确定义。信任是人际关系的产物，其中的理性与感性是影响人际信任的重要因素（Lewis & Weigert，1985）。信任是个体面临的预期损失大于预期收益的不可预料事件中所做出的非理性选择行为（Hosmer，1995）。

人际信任（Interpersonal Trust）人际信任泛指对个人或群体的信任。Sabel（1993）认为，人际信任是相信对方不会做出让自己受到伤害的行为。McAllister（1995）认为，人际信任是个体愿意相信对方的言语、行动和决策，并根据自己的意愿采取行动。Luhman（2000）认为，人际信任是交易主体对存在风险的外部环境所作出的一种内心评价。Dyer和Chu（2003）认为，人际信任是个体对对方真诚、实力和善心的可预测程度的掌控。韩振华（2010）认为，人际双方的信任付出是利益计算的结果，也可能包含某种"本能"的心理倾向。也有学者认为，人际信任是

人与人之间经过情感、行为及态度相互作用而产生的相互依赖关系（尤强林、赵泽洪，2010）。刘双双等（2011）认为，人际信任反映的是一种个体对人际交往风险的态度和期待，能够从总体上将人际信任解释为在不同的事情上，个人对交往对象的释怀程度（周杨诗琴，2017）。在组织中，人际信任指组织内各员工通过人际互动所形成的水平信任，以及组织中员工与组织的高级管理层之间形成的垂直信任（杨勇勇，2018）。

目前将人际信任划分为情感型信任和认知型信任是最广为接受的分类方法。McAllister（1995）认为，认知信任就是信任方对被信任方的能力和可靠性的认知判断。Rousseau等（1998）认为，信任是建立在对另一方意图和行为的正向估计基础之上的不设防的心理状态。向长江和陈平（2003）认为，对另一方意图和行为的正向估计是指一方对另一方在特定领域内实现己方期望可能性的估计；不设防是指依赖交换伙伴、承担风险的意向。这个定义是组织内人际信任研究中最为普遍使用的。Panteli等（2005）认为，人际信任是个体一方对他方所持有的坚定信念及积极乐观的期待。Mcallister（1995）从广义的角度定义人际信任，认为人际信任是指信赖者对被信赖者的言行及决策所持有的信心，并据此产生某种行动的程度。

（二）人际信任的结果变量

人际信任的结果变量的研究主要集中于对个体态度、员工行为，包括个体知识共享行为、创新行为、工作绩效、工作满意度等。

（1）人际信任对个体态度的影响。Ferres（2004）研究发现，同事信任能够对员工感知到的组织支持和员工的情感承诺产生显著作用。贾良定等（2006）的研究结果表明，员工对组织的信任对组织的承诺具有积极影响。

（2）人际信任影响员工的行为。Ferres（2004）研究发现，同事之间的相互信任能够降低离职意图。李卫东和刘洪（2014）通过实证分析发现，同事信任直接和间接通过知识权利丧失和互惠互利两个变量正向对知识共享意愿产生显著影响。Costigan、Ilter 和 Berman（1998）发现，同事信任、主管信任与员工动机、果断及风险承担等工作行为具有很强的相关性。

（3）人际信任对工作绩效的影响。李宁等（2006）研究发现，个体对同事、直接领导和高管的信任都会对个体的工作绩效产生影响。于海波等（2007）研究发现，组织信任对组织财务绩效有间接作用。

（4）人际信任对工作满意度的影响。很多学者认为，人际间的信任是提高工作满意度的关键因素，例如于海波等（2007）通过多层线性模型分析的结果显示，组织信任对个体的工作满意度具有正向预测作用，组织信任对工作满意度、情感承诺与离职意向之间的关系具有显著的调节作用。

（三）研发团队的人际信任对创新绩效的影响

组织成员对同事、主管和组织的信任程度，势必会对个体的态度与行为产生显著影响，进而促进或阻碍个体与组织绩效的改善。韦慧民和龙立荣（2009）认为，当团队成员对所在组织、直接主管的信任度比较高时，一般会更愿意接受组织或主管对于他的工作的安排，也就能够聚焦注意促进团队的发展。下属如果缺乏对直接主管的信任，可能会导致将较多的精力投入到自我保护的活动中，从而分散投入到促进团队发展活动中的注意力，导致绩效的下降。根据人际关系社会网络理论，个体间的关系强度与知识转移之间具有较强的正相关关系。具有良好人际信任关系氛围的知识型员工之间的合作关系更为稳定，能够进一步降低默会知识共享中的关系成本与不确定因素扰动等，为隐性知识的共享提供一个便利与通畅的渠道（张春阳、梁启华，2018）。当团队成员之间相互信任度比较高时，会更有利于他们分享信息、更好地合作等，这些都有利于组织绩效的提高。基于上述分析，本部分提出以下假设：

H1：研发团队的人际信任与创新绩效呈正相关。

二、研发团队的人际信任与交互记忆系统的关系

(一) 交互记忆的概念及测量

交互记忆的概念是 Wegner 于 1987 年首先提出，交互记忆指对来自不同知识领域的信息进行编码、储存、检索和交流活动的认知劳动的共享分工，它通常是在亲密关系的基础上发展起来的。Moreland 等 (1992) 认为，知识型组织中成员之间知识存储与交互以固定方式存在于组织形式中，组织成员各自拥有自己的知识体系，并且在相互合作中交换着各自拥有的知识，组织中这种交互存储知识的系统叫作交互记忆系统。Lewis (2003) 认为，交互记忆指个体层面拥有的知识，而交互记忆系统描述的是团队层面成员如何积极地利用他们的交互记忆来编码、存储和检索信息。Lewis (2004) 提出，形成有效的交互记忆系统的组织有 3 个行为特征维度，包括团队成员感知彼此专业知识领域的专长度 (Specialization)，团队成员对彼此专业知识准确性的信任度 (Credibility)，信息交流过程中团队成员合作程度的协调度 (Coordination)。Lewis 在这种行为维度的划分下，开发出测量交互记忆系统的量表，并以真实团队为样本，通过实证验证了该量表具有较好的信度和效度。张志学等 (2006) 从高科技企业中选取 190 个工作团队作为样本，进一步验证了 Lewis 开发的交互记忆系统量表的信度和效度。

(二) 团队的人际信任与交互记忆系统的关系

信任是一个多维度的概念，既有认知因素又有感情因素。Kanawattanachai P (2007) 等指出团队成员基于知识和能力的信任是培养交互记忆系统的必需，也是整合任务执行过程中的成员交互记忆的关键因素。已有研究表明，具有良好交互记忆系统的团队，成员对彼此的知识和完成任务的能力存在高度的信任，例如，Liang 等 (1995) 指出，团队成员间的相互信任与交互记忆系统直接相关，具有良好交互记忆系统的团队，成员对彼此的知识非常信任。Tan 等 (2000) 发现，主管信任会对员工的

创新行为产生显著影响。Das等（2001）认为，基于能力的信任有助于减少绩效风险。Borgatti等（2003）认为，当一个人信任他人，才会依赖对方的专长。成员间的信任可以让他们更易于了解其他成员的专长和知识缺陷。如果团队成员形成认知信任，他们就会更少地监督他人的行为，也不会在寻求帮助的时候试图获得来自多方的、重复的信息，这样成员之间的合作效率更高。Akgün等（2005）认为，如果在团队中，一个成员不信任其他成员，就很难形成专业的、互补的知识和技能，也就减少了用以完成任务的知识总量，降低了团队协调地完成任务的能力。Chowdhury（2005）研究表明，认知信任和情感信任都会对知识共享产生显著影响，而且认知信任对复杂知识共享的影响强于情感信任。张志学等（2006）通过实证研究验证了情感信任和认知信任与团队交互记忆系统正相关。员工之间的信任程度深刻地影响着员工个人之间知识转移的频度，以及员工是否愿意把个人知识拿出来公之于众。Huemer等（2007）指出，具有高度信任的团队，成员能一起更好地协作完成任务工作。张钢和熊立（2007）认为，团队凝聚力、成员之间的信任等一些团队内外因素也可能影响成员的个体知识及成员间的互动，从而影响交互记忆系统。罗婷等（2009）认为，知识共享本身也是一种交换活动，是知识共享主体之间主动的互动。情感信任对不同知识共享行为有积极的影响（罗婷等，2009）。人际信任可以明显抑制知识隐藏行为（王鹏等，2019）。王端旭、武朝艳（2010）认为，团队信任能够促进团队成员获取、处理和交流不同知识领域的信息，是交互记忆系统形成和发展的重要前提。基于此，本章提出以下假设：

H2：研发团队的人际信任与交互记忆系统呈正相关。

三、团队交互记忆系统与创新绩效

团队交互记忆系统是影响团队知识分享与群体智力的重要因素，其可以通过对群体智力的影响，进而影响研发团队的创新绩效。金杨华等

（2009）指出，群体智力是团队学习和知识共享的成果，也是团队创造力与集体创新能力的内在决定因素。团队绩效提高的过程也就是团队成员在互动中不断磨合的过程（席酉民等，2008）。团队成员的互动过程包含知识的交流和分享。团队运行过程中的人际互动在很大程度上影响着团队绩效。

Wenger E（1999）研究指出，创新的想法及隐性知识的转移大部分都寓于成员间的交互之中，知识的创新与运用是一个社会化过程。研究者们普遍认为，交互记忆系统之所以能提高团队绩效是因为它能使成员迅速获得广泛领域的专业知识，并且改善知识的整合过程（Wegner D M，1995）。Moreland 等（1995）通过实验的方法证明，工作团队能够形成交互记忆系统，从而提高他们的工作业绩。实验室的实证研究证明，交互记忆系统对任务绩效和专业技能的利用有极大作用。Faraj（2000）和 Austin（2003）研究表明，交互记忆系统可以使组织性团队表现得很好，证明交互记忆系统可能通过完成一系列团队任务提供好处。Lewis（2003）认为，交互记忆系统特别将注重点放在利用和整合分布式专业技能上，这使得它成为特别适合解释知识工作团队如何能最大化成员知识价值的概念。Lewis 等（2005）从团队学习的视角提出，交互记忆系统不但促进了个体与目前工作有关的学习，还有利于个体将知识转移到相同领域的其他任务中去。一旦成员在原有的知识基础上整合进新的任务信息，必然出现不同知识面的交叉，进而激活团队原有的知识并产生创新。张纲等（2007）认为，关于交互记忆的研究有助于发现高效工作团队如何处理解决问题所需信息，解释团队成员怎样通过发挥各自的专长去解决团队面临的问题。它是解释团队知识处理过程的一个机制。研发团队工作是以创新为主要特质的工作，其绩效受成员间的知识共享与交互的作用可能更大。在此基础上提出以下假设：

H3：团队交互记忆系统与创新绩效呈正相关。

四、交互记忆系统的中介功能

根据 Baron 和 Kenny 的解释，中介变量是自变量对因变量发生影响的中介，是自变量对因变量产生影响的实质性的、内在的原因。自变量通过中介变量对因变量产生作用（Baron R M & Kenny D A，1986）。温忠麟等（2004）指出，通常如果某个变量的介入能够清晰地说明自变量与因变量之间的关系，它就有可能是中介变量。Liang（1995）的相关研究证实，交互记忆系统在培训与团队绩效关系中发挥中介作用。Ellis（2006）认为，交互记忆系统在高压力与团队绩效之间扮演中介角色。王端旭和薛会娟（2011）交互记忆系统的专门化和协调性维度对团队创造力存在积极影响，知识共享对交互记忆系统的协调性维度与团队创造力的关系起中介作用。研发团队的创新更有赖于团队成员之间的知识的分享与合作，而信任是交互记忆系统产生的重要前提之一。因此，提出以下假设：

H4：交互记忆系统在研发团队的人际信任与创新绩效关系中发挥中介作用。

本章的理论框架如图9-1所示。

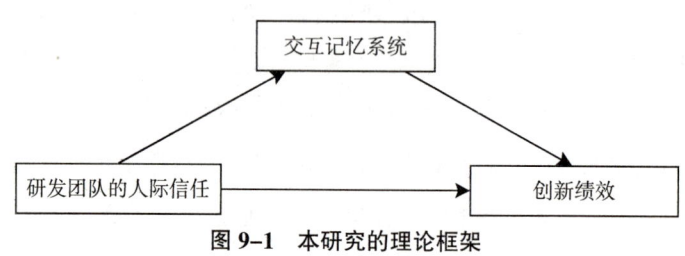

图9-1　本研究的理论框架

第三节 研究方法

一、调查程序与样本结构

团队规模的大小是决定团队成员相互间沟通机会的多少的重要因素之一，这将直接影响团队交互记忆系统的形成，同时也影响团队的互动过程。另外，团队组建的时间长短也会影响团队成员相互间的熟悉程度，进而影响交互记忆系统的形成和团队互动过程，最终影响团队绩效。为保证研究结论的准确性与指导意义，本次研究的样本选择满足：①团队所在组织的属性相同，以保证管理机制对研发团队的影响趋于相似。35个研发团队来源于南京的2家中央直属科研机构，一家为水利科研机构，一家为电子设备研发机构；②团队成员构成和数量相对稳定，每个团队的人数为6~20人；③团队成立的时间均在10年或以上。

调查于2010年7~8月进行，在南京的2家事业单位进行，在正式调查前，事先和团队负责人进行了沟通，并邀请了10人对4份量表（本次调查还包括对团队成员人格特质的调查，另外对其进行了分析）进行了试测，以了解量表的语意是否清晰。正式调查采用现场发放并现场回收的方法进行，故回收率100%，剔除了9份无效量表。有效问卷为496份，有效回收率为98.82%。样本总数有496人，其中男性381人，占调查对象的76.81%，女性115人，占23.19%；研究生学历的390人，占78.63%，本科及以下学历的106人，占21.37%；30岁及以下的154人，占31.05%，31~40岁的109人，占21.98%，41~50岁的144人，占29.03%，50岁以上的89人，占17.94%。

二、测量工具

（一）人际信任的测量

Costigan、Itler 和 Berman（1998）开发的 15 项量表则融合了认知和情感信任两方面的成分，并将员工信任分为对主管的信任、对同事的信任和对组织制度的信任，分别进行测量。基于 Costigan、Itler 和 Berman（1998）开发的量表，本章将员工信任分为对直接上级的信任、对同事的信任和对组织的信任，分别进行测量。①对直接上级的信任度，是相信其直接上级的能力、正直、对员工诚信及对出示公平的信赖。②对同事的信任度，是以相信同事的工作能力、言行是否一致、遇困难时能否得到同事的协助及承诺是否可信来评估。③对组织的信任度以员工是否相信所在公司照顾员工的能力、在愿意承担风险下对公司保持正面评价及整体员工的信赖程度（张虹，2008）。本部分所使用的员工信任度问卷参考黄小聘（2002）及张虹（2008）等在测量员工信任时所使用的量表，共有 14 题（其中对直接上级的信任度 5 题，对同事的信任度 5 题，对组织的信任度 4 题），计分方式采用 Likert 5 点量表计分，均为正向计分，由"完全不同意""不同意""不确定""同意""完全同意"五个选项，分别计 1~5 分，分数越高表示信任程度越高。本章中的量表信度为 0.829。

（二）交互记忆系统的测量

交互记忆系统的测量采用 Lewis（2003）的交互记忆系统测量问卷，并以张志学等（2006）对量表内容的修订为参照主体略加修改；测量包括专长、可信、协调 3 个维度的交互记忆系统强度。专长指团队成员在知识处理过程中是否存在专门化和区别化。可信指在完成任务的时候，团队成员信任彼此所提供的知识和信息的程度。协调指团队成员如何充分整合并利用彼此的知识和专长。问卷总共有 15 个题目。采用 Likert 5 点量表，依"完全不同意""基本不同意""基本同意""同意""完全同意"，分别计 1、2、3、4、5 分。该量表在本次研究中的信度为 0.790。

（三）研发团队创新绩效的测量

现有文献并没有提供一个或一套统一的、普遍可接受的创新测度指标。实证中的创新测度主要是根据研究者的研究目的、数据的可获得性等因素在众多的测度指标中进行选择或自己开发创新测度指标。本部分中创新绩效的量表主要参考了谢洪明等（2007）关于知识利用和技术创新的量表。主要包括"企业的新产品和服务得到客户认可；企业的竞争优势建立在技术之上；与竞争对手相比，企业盈利水平很好"3 个指标。依"完全不同意""基本不同意""基本同意""同意""完全同意"，分别计 1、2、3、4、5 分。本次研究中的创新绩效量表的信度为 0.817。

三、分析方法

采用 SPSS17.0 软件进行描述性统计和相关性分析，以及多元回归分析研发团队的交互记忆系统的中介作用。

第四节 研究结果

一、团队数据的整合检验

由于本部分是注重群体层面的研究，但测量的变量中包含个体水平与群体水平（团队水平），为得到群体层面的数据，需要将团队中每个成员在量表的各个题目上的得分加总平均得到群体层次的分数。将个体层次的数据加总形成代表群体水平的构念的数据时，需要检查同一群体内部的个体成员的回答是否一致。解决这个问题的方法有两大类：第一类是检验同一个群体内部每位个体成员的一致性，计算 R_{wg} 统计量；第二类是评估群体内部成员的一致性与群体内和群体间变异的比例。本部分采用第一类方法。R_{wg}的值通常介于0~1间，一般认为当R_{wg}的均值大于或等于0.70时，就表明团队成员的一致程度是可接受的。根据詹姆斯等的公式（James L R，1984），计算了各个团队的R_{wg}，结果显示R_{wg}在0.71~0.85间，均超过0.70的临界标准。詹姆斯公式如下：

$$R_{wg(j)} = J[1-(mS_{xy}^2/\sigma_{eu}^2)]/\{J[1-(mS_{xy}^2/\sigma_{eu}^2)]+mS_{xy}^2/\sigma_{eu}^2\}$$

式中：S_{xy}^2为观测方差；σ_{eu}^2为假设分布的期望方差；mS_{xy}^2为各项目观测方差的平均数；J为项目数量。

二、变量的描述性统计与相关性分析

利用SPSS17.0软件对所收集的数据进行描述性统计和相关性分析，具体数据如表9-1和表9-2所示。由表可见，研发团队的人际信任与交互记忆强度之间的相关系数为0.748，呈正相关，研发团队的人际信任与创新绩效的相关系数为0.633，呈正相关，交互记忆系统强度与创新绩效的相关系数为0.748，呈正相关。假设1、假设2和假设3得到验证。

表9-1　描述性统计（N=35）

	均值	平均标准误差	标准差
研发团队的人际信任	51.815	1.096	6.484
研发团队的交互记忆系统强度	54.114	1.390	8.224
研发团队的创新绩效	10.000	0.389	2.301

表9-2　研发团队的信任、交互记忆系统及创新绩效的相关性

	研发团队的人际信任	研发团队的交互记忆系统强度	研发团队的创新绩效
研发团队的人际信任	1	0.748**	0.633**
研发团队交互记忆系统强度	0.748**	1	0.729**
研发团队的创新绩效	0.633**	0.729**	1

注：** 表示 $p<0.01$（双尾检验），N=35。

三、变量的中介效应检验

中介变量的检验方法主要运用回归分析，参考了 Baron 和 Kenny 提供的检验中介作用的步骤和判断条件，本部分利用 SPSS17.0 软件对所收集的数据进行了回归。分析结果如表 9-3 所示，中介变量团队交互记忆系统强度对自变量研发团队的人际信任的回归系数为 0.748，在 0.01 水平上显著。自变量研发团队的人际信任的变化能显著解释中介变量团队交互记忆系统强度的变化。因变量研发团队的创新绩效对自变量研发团队的人际信任的回归系数为 0.633，在 0.01 水平上显著，说明自变量研发团队的人际信任的变化能显著解释因变量研发团队创新绩效的变化。控制了中介变量研发团队交互记忆系统强度之后，即自变量和中介变量同时进入回归方程，自变量的回归系数为 0.200，p 值为 0.272，不显著；中介变量研发团队的交互记忆系统强度的回归系数为 0.579，在 0.01 水平上显著，说明研发团队的交互记忆系统在研发团队的人际信任与研发团队创新绩效之间具有完全中介作用。假设 4 得到验证。

表 9-3 研发团队的交互记忆系统的中介作用的分层回归结果汇总

自变量（团队成员的人际信任）	中介变量
	应变量
第一步	0.748**
第二步	0.633**
第三步（自变量）	0.200
第三步（中介变量）	0.579**
调整的 R^2	0.549
F	19.479**

注：表格中的系数为标准化回归系数，** 表示 $p<0.01$。

本章还分析了交互记忆系统分别对研发团队的人际信任的 3 个维度，即研发团队成员对直接领导的信任、研发团队成员之间的信任，以及研发团队成员对所在组织的信任的中介作用。由表 9-4 可知，交互记忆系统对研发团队的人际信任的 3 个维度与创新绩效之间都存在完全中介作用。

表 9-4　研发团队的交互记忆系统的中介作用的分层回归结果汇总

自变量	对直接领导的信任 中介变量 应变量	同事之间的信任 中介变量 应变量	对公司的信任 中介变量 应变量
第一步	0.703**	0.511**	0.706**
第二步	0.597**	0.459**	0.575**
第三步（自变量）	0.167	0.117	0.121
第三步（中介变量）	0.612**	0.669**	0.644**
调整的 R^2	0.517	0.513	0.510
F	19.204**	18.892**	18.689**

注：表格中的系数为标准化回归系数，** 表示 $p<0.01$。

第五节　结论与讨论

一、研究结论

本部分以组织中的研发团队为研究对象，以南京的 2 家研究机构中的 35 个研发团队为样本，运用实证方法探讨了研发团队的人际信任与研发团队交互记忆系统对团队创新绩效的影响，为今后研发团队的创新绩效的影响因素研究做了进一步的铺垫与探索，并得出了一些有意义的结论。①研发团队的人际信任与团队的创新绩效呈正相关，相关系数为 0.633（$p<0.01$）。②研发团队的人际信任与研发团队的交互记忆系统呈正相关，相关系数为 0.748（$p<0.01$）。③研发团队的交互记忆系统与团队的创新绩效呈正相关，相关系数为 0.729（$p<0.01$）。④交互记忆系统在研发团

队的人际信任与创新绩效之间起到完全中介作用。同时，交互记忆系统对研发团队的人际信任的 3 个维度与创新绩效之间都存在完全中介作用。

二、管理建议

(一) 培养团队精神，促进人际信任

团队精神的培养是形成良好信任团队氛围的基础。团队精神主要指团队成员在工作过程中所形成的相互合作和相互信任的意识。团队精神的培养有利于加强团队成员之间的交流和信任，增强团队交互记忆系统，进一步提升团队绩效。

(二) 快速信任和长期信任协同发展

一般情况下，信任的培养需要一个长期的过程。信任的形成和发展是一个缓慢的动态过程，团队成员长期的共同工作经历使得他们相互学习和评价，从而形成关于彼此的能力、诚信、态度、情感等方面的知识，在此基础上建立起信任关系。但目前快速发展的时代，组织经常面临不确定，为了快速响应不确定性，需要工作团队具备与不同人员为了完成任务，与不同的临时团队成员共同工作，这就需要团队成员之间应该能快速地形成信任。快速信任是"基于集体感知和关联的、能够控制临时团队中的不确定性、风险性、脆弱性和期待性等问题的一种特殊的团队信任"。团队合作方式越机动、时间越短，对团队快速信任的需求越大 (Mayer et al., 1995)。

(三) 构建志同道合的团队

团队选拔成员时应注重能力和人品，寻找有能力、志同道合的团队成员 (陈岩等，2018)。团队成员应该注重提升信任度及个体声誉，增强同事对自己的认同感；团队还应鼓励团队成员相互关心和帮助，扩展正式与非正式沟通渠道，增进团队成员间的互动与交流。信任是信任主体互动时的一种资源配置方式 (Mayer R C & Gavin M B, 2005)，团队成员之间正式和非正式的经常性沟通是信息传递的重要方式，有利于信任的

产生和友好情感的培养，高质量的沟通提升"彼此的可信度"（路琳、梁学玲，2009）。

此外，团队信任维持，既受成员个体微观层面的影响，也受外部环境宏观层面的影响。外部环境更多地表现出不确定性，制度信任则是外部环境稳定性的表征（郑鸿、徐勇，2017），因此，需要注重制度层面的信任的构建。

（四）构建具备专长差异性的团队

首先，在组建团队或者选择团队新成员时，应注意使团队成员之间技能和专长互补。其次，加强团队成员各自的专长，以提升团队的交互记忆系统。建立学习型团队是加强团队成员各自专长的有效途径（卓萍、赵蕾，2018）。学习型团队内部会形成一种持续学习和创新的氛围，促进团队成员之间共同学习和共享知识，提升团队成员的情绪智力、知识专长、技能等，从而提高整个团队的绩效水平。

三、研究的不足与展望

但由于研究设计和方法上的局限，本部分仍存在一些不足之处。

（1）样本的选取问题。一是样本主要来自2家企业，代表性不够，研究结论具有局限性；二是缺少纵向数据支持。本部分根据同一时点上不同团队的横向数据进行分析并形成结论，得出的结论在本质上只是变量间的相关关系，变量间的因果关系还需要纵向研究进行检验。未来需要通过纵向研究来验证交互记忆系统的效应。

（2）交互记忆系统的有效性问题还有待于进一步探索。张钢和熊立（2007）研究表明，交互记忆系统效应的发挥受到一系列情境变量的影响。本部分只验证了交互记忆系统对信任与团队创新绩效关系的影响，并未考虑其他因素（如团队的任务类型、团队成立时间、团队规模及团队管理的风格等）对这些关系的调节作用。在今后研究中，应较全面地考虑影响这些关系的因素，构建更为完善的模型。

第十章
研发团队成员人格异质性与创新绩效：以交互记忆系统为中介变量

第一节 问题的提出

团队异质性指团队成员在个人特质方面的差异及分布情况，且潜在地导致成员间形成不同的看法（Jackson S E，2003）。团队异质性是团队成员个性、性别、态度、背景或经验因素的混合物（Jackson S，1991）。国内外学者关于团队异质性对团队绩效影响的研究主要是从团队成员的年龄、教育、任期、职业经验及个性等方面的异质性进行。关于成员异质性如何影响团队绩效的问题，已有研究的结论存在争议：一种观点认为，团队异质性与团队创新绩效呈正相关；另一种观点认为，团队异质性与团队创新绩效呈负相关，背景、观点的差异性有可能妨害沟通与团队的整体和谐（Zenger T R，1989），导致较低的内聚力、较低的相互理解水平（Miller C，1998）。

产生分歧的可能原因主要有：①可能是以往研究者对异质性的理解存在差异，如对异质性的分类就存在很多种：易观察特质和深层特质；低工作相关的特性和高工作相关的特性；关系取向与任务相关等。②主要局限于年龄、教育等显性的异质性的研究，对人格、经验、态度和认知等隐性异质性的研究关注不够，所研究得出的结论不够全面或代表性不够。③可能缘于以往研究更多地考察各类异质性与绩效之间的直接关系，而很少涉及中介变量。成员异质性并不一定直接作用于团队绩效，团队绩效很可能更多地取决于成员异质性影响团队过程的方式，以及团队过程的管理模式（Knight D，1999）。研究中涉及的中介变量主要有内部任务过程、外部沟通、冲突变量及交互记忆系统等。关于交互记忆系统为中介变量的研究，主要有张钢等（2009）以高技术企业中的工作团队为样本的研究，结果显示，交互记忆系统在成员专长异质性与团队绩效关系中发挥中介作用，成员一般异质性对团队绩效产生直接影响。交互记忆系统对团队绩效有显著正效应。其研究对团队之间的差异性没做说明。不同组织中各团队之间存在一定的差异，如高等院校、科研机构组织、生产性组织中的团队的构成、团队的目标、团队的管理等都存在较大差异；研发团队、销售团队等不同任务的团队也存在很大差异，以前的研究都没有明确区分团队所在组织的背景，不同的团队背景下团队异质性的作用可能存在差异。

  本部分拟以"大五"人格理论为依据，分析研发团队人格异质性对团队创新绩效的影响，并以团队的交互记忆系统为中介变量。研发团队的核心任务是创新，所以本部分主要关注研发团队的创新绩效，这也是目前研究关注较少的领域。

第二节　理论基础和研究假设

一、团队成员人格异质性与团队创新绩效

"大五"人格模型理论是近年来人格心理学界非常流行的一个理论，

也是特质论范式中一个非常重要的研究方向。1949年著名的人格心理学家、社会学家Fiske从Cattell词单中抽出22个词用于描述128名临床心理培训生,结果得出5个人格因素。1961年图普斯(Tupes)和克罗斯特尔(Christal)运用Cattell的35个成对词对8个不同的群体进行测评,有军人、大学生等,评定者包括同伴、指导者、教师及有经验的临床医生。所有因素分析的结果,均出现了5个相对稳定的因素(王登峰,1994)。这些因素后来被Goldberg(1981)称为"大五"因素。依照McCrae和Costa等人的命名法(1985),构成人格的"大五"因素分别为:外倾性(Extraversion)、宜人性(Agreeableness)、责任心(Conscientiousness)、神经质(Neuroticism)、开放性(Openness to experience)。"大五"人格特质的人格分类方法逐渐被广泛使用,并且被众多心理学家认为是人格特质结构的最好范式,让不同意见的人格心理学者最终有所共识(Costa & McCrae,1990)。其稳定性在自陈式特质调查表和他人评定、词汇研究和问卷测量的各种样本,以及不同文化背景和不同分析方法的大量研究中得到验证。本部分采用该5个维度,即神经质、外倾性、开放性、宜人性、责任心。

大量研究发现,"大五"人格模型与工作绩效有密切关系(高笑、陈红,2007)。"大五"人格能够很好地预测个体的工作绩效。随着团队研究的开展与深入,"大五"人格与绩效的研究也逐步上升到了团队水平,团队人格特征与团队绩效的关系受到关注。团队成员的人格组成对团队绩效有一定的预测能力。国外学者大多集中在"大五"人格5个维度即深层次特质对绩效的影响。Barrick(2001)认为,人格因素主要预测工作绩效中的周边绩效成分。有研究显示,在自我管理团队中,成员中性格外向者过多或过少都不利于团队绩效的提高,以及在销售团队中外倾性和情绪稳定性的异质性与团队绩效呈正相关,责任心、开放性上的异质性与团队绩效呈负相关。在此基础上,提出以下假设:

H1:团队成员人格异质性程度与团队创新绩效间存在显著相关。

二、成员异质性与交互记忆系统的关系

交互记忆的概念是 Wegner 在 1987 年提出的，即知识型组织中组织成员之间知识存储与交互以固定方式存在于组织形式中，组织成员各自拥有自己的知识体系，且在相互合作中交换着各自拥有的知识，组织中这种交互存储知识的系统叫作交互记忆系统（Moreland R，1992）。张钢等（2009）认为，交互记忆系统也可以看作是团队成员之间形成的一种彼此依赖的，用以获得、储存、运用来自不同领域的知识的合作型分工系统。其研究有助于发现高效工作团队如何处理解决问题所需要的信息，解释团队成员怎样通过发挥各自的专长去解决团队面临的问题。它是解释团队知识处理过程的一个机制（张钢、熊立，2007）。交互记忆系统形成的基础是各团队成员能力相当，是与任务相关的各领域中的专家。Lewis（2004）通过对知识工作者团队的研究证实，在成立之初由具有分布式专长和相互熟悉的成员组成的团队更可能产生交互记忆系统（Lewis K，2004）。Liang 和 Devak（2000）通过研究证实，团队成员间专长的分派对交互记忆形成的编码过程至关重要（Liang D R，2005）。Dahlin 等（2005）通过实证研究发现，工作团队中成员的教育背景差异对团队信息使用的深度和广度，以及信息整合的作用要强于民族差异性，这两方面的差异性在团队中以不同的方式影响信息的使用（Dahlin K B et al.，2004）。有研究显示，小组成员在显见特征方面的差异会潜在地对小组的认知结果产生积极影响（Watson W E et al.，1993）。研发团队的成员人格存在一定的异质性，异质性的存在可能会影响研发团队成员的行为等。基于此，提出如下假设：

H2：团队成员人格异质性程度与交互记忆系统间存在显著正相关。

三、交互记忆系统与团队创新绩效

团队绩效提高的过程也就是团队成员在互动中不断磨合的过程（席

第十章　研发团队成员人格异质性与创新绩效：以交互记忆系统为中介变量

西民等，2008）。团队成员的互动过程也包含知识的交流和分享。团队运行过程中的人际互动在很大程度上影响着团队绩效。创新的想法及隐性知识的转移大部分都寓于成员间的交互之中，知识的创新与运用是一个社会化过程（Wenger E，1999）。研究者们普遍认为，交互记忆系统之所以能提高团队绩效，是因为它能使成员迅速获得广泛领域的专业知识，并且改善知识的整合过程（Wegner D M，1995）。Moreland 等（1995）通过实验的方法证明，工作团队能够形成交互记忆系统，从而提高他们的工作业绩。实验室的实证研究证明交互记忆系统对任务绩效和专业技能的利用有极大作用，而近来的研究表明，交互记忆系统可以使组织性团队表现得很好，证明交互记忆系统可能通过完成一系列团队任务提供好处（Faraj et al.，2000；Austin J R，2003）。以往研究直接或间接证明交互记忆对群体绩效的积极作用，但这些结果大多是在实验室研究中得到的，研究对象基本上是由在校学生为实验而临时组建的团队或二人组合，而且成员间没有层级或固定角色限制，这与现实中的团队运作有很大不同。鲜有研究关注以创新为主要目标的研发团队。本部分希望检验现实研发团队的交互记忆系统与团队创新绩效间的关系。在此基础上，提出以下假设：

H3：交互记忆系统与团队创新绩效间存在显著正相关。

四、交互记忆系统的中介功能

中介变量是介于自变量和因变量之间的变量（Baron & Kenny，1986）。1932 年，托尔曼为弥补行为主义者华生的 S-R 公式的不足，提出中介变量的概念，强调注意有机体内部因素在行为中的作用。他认为刺激与反应之间存在着一系列不能被直接观察到的，但可依据引起行为的先行条件及最终的行为结果本身推断出来的中介因素，这便是中介变量。Liang（1998）的研究证实，交互记忆系统在培训与团队绩效关系中发挥中介作用，但关于交互记忆系统在成员人格异质性与团队创新绩效之间的中介作用还缺乏研究。因此，提出以下假设：

H4：交互记忆系统在成员异质性与团队创新绩效关系中发挥中介作用。

本部分的理论框架如图10-1所示。

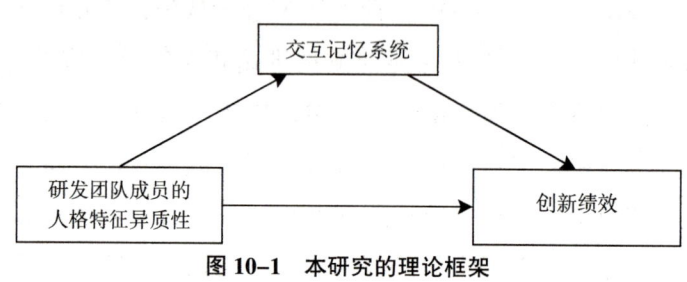

图10-1 本研究的理论框架

第三节 研究方法

一、调查程序与样本结构

因为各工作团队中成员人数的变化较大，而团队规模的大小决定了团队成员相互间沟通机会的多少，这将直接影响团队交互记忆系统的形成，同时也影响团队的互动过程。另外，团队组建的时间长短会影响团队成员相互间的熟悉程度，进而影响交互记忆系统的形成和团队互动过程，最终影响团队绩效。为保证研究结论的准确性与指导意义，本次研究的样本选择满足：①团队所在组织的属性相同，以保证管理机制对研发团队的影响趋于相似。35个研发团队来自南京的2家中央直属科研机构，一家为水利科研机构，一家为电子设备研发机构。②团队人员构成和数量相对稳定，每个团队的人数为6~20人。本次调查的总人数为496人。③团队成立的时间均在10年或以上。

调查于2010年7~8月进行，在南京的2家事业单位进行，在正式调

第十章　研发团队成员人格异质性与创新绩效：以交互记忆系统为中介变量

查前，事先和团队负责人进行了沟通，并邀请了10人对3份量表进行了试测，以了解量表的语意是否清晰。正式调查采用现场发放并现场回收的方法进行，故回收率100%，剔除了9份无效量表。有效问卷为496份，有效回收率为98.82%。样本总数有496人，其中男性381人，占调查对象的76.81%，女性115人，占23.19%；研究生学历的390人，占78.63%，本科及以下学历的106人，占21.37%；30岁及以下的154人，占31.05%，31~40岁的109人，占21.98%，41~50岁的144人，占29.03%，50岁以上的89人，占17.94%。

二、测量工具

（一）人格问卷及异质性测量

McCrae和Costa根据对卡特尔16PF的因素分析和自己的理论构想编制了测验"大五"人格因素的NEO-PI人格量表（1985），后来又进行修订，形成了NEO-PI-R，他们所提出的"大五"人格模型也获得了人格心理学界的一致认可。本部分的人格测量采用由Costa和McCrae（1989，1992）修订的"大五"人格量表NEO-PI-R的简缩版本NEO-FFI，由NEO-PI中在各因子上负荷最大的12个题项构成，共有60个项目，每个项目有5个等级，从"强烈反对"到"非常赞成"，分别计1、2、3、4、5分。该量表能迅速而有效地测量人格的五个特质：神经质、外倾性、开放性、宜人性、责任心。相关研究表明，NEO-FFI被证实与完整版的信度一致（Costa P T et al.，1989），并且与其他的人格测量工具有较好的聚合效度（Kurtz J E，2003）。姚若松和梁乐瑶（2010）采用NEO-FFI中文简化版对1255名大学本科生进行测量，分析量表的信度和效度，研究结论表明，NEO-FFI适合应用于中国大学生群体。该研究的结果与美国常模的研究结果相似。因此，NEO-FFI被广泛应用于学术及临床研究中。该简化版在华人地区使用的结果表明具有良好的信度与效度（周春森、郝兴昌，2009）。

本部分在使用该量表时，首先由笔者将其翻译成中文，在人力资源管理专业的本科生课堂上现场请学生阅读并填写量表，以判断所翻译的量表语意表达是否清晰。根据反馈对其中少量用词不够准确与清晰的地方进行了再次修改，修订后的量表请南京大学 MBA 课程的 6 名学员进行了阅读与填写。修改后的中文版本由英语专业的硕士生翻译成英文，翻译的结果与原量表基本一致，故说明量表的内容的准确性是有保证的。本次研究中该人格量表的总体信度为 0.803，符合研究需要。

团队成员的人格异质性测量采用 Herfindal-Hirschman 系数，又称为 Blau 系数，由 Blau（1977）首次用以测量团队异质性，计算公式为：

$$H = 1 - \sum_{i=1}^{n} P_i^2 \qquad (10-1)$$

式中，P_i 表示第 i 个类别成员在团队中所占的比例。Blau 系数越接近 1，表示成员异质性越高；越接近 0，表示团队成员越相似，趋向同质化。

（二）交互记忆系统的测量

交互记忆系统的测量采用 Lewis（2003）的交互记忆系统测量问卷，以张志学等（2006）对量表内容的修订为参照主体略加修改，并请南京大学 MBA 的学员进行了阅读与测试，以了解量表的语意是否清晰；测量包括专长、可信、协调 3 个维度的交互记忆系统强度。专长指团队成员在知识处理过程中是否存在专门化和区别化。可信指在完成任务的时候，团队成员信任彼此所提供的知识和信息的程度。协调指团队成员如何充分整合并利用彼此的知识和专长。问卷总共有 15 个题目。采用 Likert 5 点量表，依"完全不同意""基本不同意""基本同意""同意""完全同意"，分别计 1、2、3、4、5 分。张志学等（2006）该量表在国内的高技术工作团队中使用时报告的信度系数为 0.81。该量表在本次研究中的信度为 0.790，符合研究需要。

（三）研发团队创新绩效的测量

现有文献并没有提供一个或一套统一的、普遍可接受的创新测度指标。这一方面反映了创新测度的复杂性,另一方面反映了人们现在还没有找到能全面反映创新绩效的可靠指标。实证中的创新测度只能根据研究者的研究目的、数据的可获得性等因素在众多的测度指标中进行选择或自己开发创新测度指标。本部分测量企业创新绩效的量表主要参考了 H Yli-Renko 等(2001)、谢洪明等(2007)关于知识利用和技术创新的量表。主要包括"企业的新产品和服务得到客户认可;企业的竞争优势建立在技术之上;与竞争对手相比,企业盈利水平很好"3个指标。依"完全不同意""基本不同意""基本同意""同意""完全同意",分别计1、2、3、4、5分。本次研究中的创新绩效量表的信度为 0.817。

三、分析方法

采用 SPSS17.0 软件进行描述性统计和相关性分析,以及多元回归分析研发团队的交互记忆系统的中介作用。

第四节 研究结果

一、团队数据的整合检验

由于本部分中的变量包含个体水平与群体水平(团队水平)。其中,交互记忆系统是通过个体团队成员的回答来获取的,需要将团队中每个成员在量表的各个题目上的得分加总平均得到团队层次的交互记忆系统分数。加总的前提条件是团队内部成员对于团队现象的评定具有很高的相似性。在将数据计算成群体平均值之前,首先考察群体内部一致性系数 R_{wg} 是否达到可接受标准。根据詹姆斯等的公式,计算了各个团队的 R_{wg},结果显示 R_{wg} 在 0.71~0.85 间,均超过 0.70 的临界标准。詹姆斯公式如下：

$$R_{wg(j)} = J[1-(mS_{xy}^2/\sigma_{eu}^2)]/\{J[1-(mS_{xy}^2/\sigma_{eu}^2)]+mS_{xy}^2/\sigma_{eu}^2\} \tag{10-2}$$

式中：S_{xy}^2 为观测方差；σ_{eu}^2 为假设分布的期望方差；mS_{xy}^2 为各项目观测方差的平均数；J 为项目数量。

因此，可将个体层面的数据转换成为群体层面数据进行分析，即说明将各个团队成员评价的变量加总到团队水平是合理的。

二、变量的描述性统计与相关性分析

利用所收集的数据，首先求出各研发团队的人格异质性的 H 指标值，以及交互记忆系统、创新绩效的均值。然后利用 SPSS17.0 软件对问卷数据进行描述性分析和相关性分析，计算出各量表的均值、平均标准误差以及标准差，具体数据如表 10-1 所示。研发团队的创新绩效与异质性交互记忆系统强度的皮尔逊（Pearson）相关系数，具体结果如表 10-2 所示。

表 10-1　描述性统计

	均值	平均标准误差	标准差
研发团队的人格异质性	0.5434	0.02719	0.16087
研发团队的交互记忆强度	51.857	1.9765	11.69105
研发团队的创新绩效	8.9143	0.42677	0.52483

表 10-2　研发团队的人格异质性、交互记忆系统及创新绩效的相关性

	研发团队的人格异质性	研发团队的交互记忆强度	研发团队的创新绩效
研发团队的人格异质性	1	0.601**	0.705**
研发团队的交互记忆强度	0.601**	1	0.748**
研发团队的创新绩效	0.705**	0.748**	1

注：* 表示 $p<0.05$；** 表示 $p<0.01$。

由表 10-2 可知，人格异质性与交互记忆强度之间的相关系数为 0.601，呈正相关，人格异质性与团队的创新绩效的相关系数为 0.705，呈

正相关，交互记忆强度与创新绩效的相关系数为 0.748，呈正相关。假设1、假设 2 和假设 3 得到验证。

三、变量的中介效应检验

Baron 和 Kenny 提供了一个检验中介作用的步骤和判断条件，也是研究者使用最多的方法。具体的步骤及判断条件为：第一步，自变量的变化能显著解释中介变量的变化，即中介变量对自变量进行回归，回归系数应该显著；第二步，自变量的变化能显著解释因变量的变化，即因变量对自变量进行回归，回归系数应该显著；第三步，控制了中介变量之后，自变量对因变量的影响应等于零，或显著降低，同时中介变量对因变量的影响显著不为零，即自变量和中介变量同时进入回归方程，自变量的回归系数显著下降，且中介变量的回归系数应该显著。如果自变量的回归系数变得不显著，表明存在完全中介作用；如果自变量的回归系数仍然显著且比第二步中有所下降，表明存在部分中介作用。

表 10-3 研发团队的交互记忆系统的中介作用的层次回归结果汇总

自变量	中介变量
	应变量
第一步	0.705**
第二步	0.601**
第三步（自变量）	0.399**
第三步（中介变量）	0.508*
调整的 R^2	0.640
F（0.000）	31.231**

注：表格中的系数为标准化回归系数，* 表示 $p<0.05$，** 表示 $p<0.01$。

从表 10-3 可见，中介变量团队交互记忆系统强度对自变量研发团队的人格异质性的回归系数为 0.705，在 0.01 水平上显著。自变量研发团队的人格异质性的变化能显著解释中介变量团队交互记忆系统强度的变化。

因变量研发团队的创新绩效对自变量研发团队的人格异质性的回归系数为 0.601，在 0.01 水平上显著，说明自变量研发团队人格异质性的变化能显著解释因变量研发团队的创新绩效的变化。控制了中介变量研发团队交互记忆系统强度之后，即自变量和中介变量同时进入回归方程，自变量的回归系数为 0.399，在 0.01 水平上显著，但回归系数显著下降；中介变量研发团队的交互记忆系统强度的回归系数为 0.508，在 0.05 水平上显著，说明研发团队的交互记忆系统在研发团队人格异质性与研发团队创新绩效之间具有部分中介作用。假设 4 得到部分验证。

第五节 结论与讨论

一、研究结论

本部分以组织中的研发团队为研究对象，以南京的 2 家研究机构中的 35 个研发团队为样本，运用实证方法探讨了研发团队人格异质性与研发团队交互记忆系统对团队创新绩效的影响，为今后研发团队的创新绩效的影响因素研究做了进一步的铺垫与探索，并得出了一些有意义的结论。

（1）研发团队的人格异质性与团队的创新绩效呈正相关，相关系数为 0.601（$p < 0.01$）。不同人格特性的研发人员的思维方式、看问题的角度不同，成员的人格特性各异有利于研发人员在工作中多角度分析问题，更有利于新点子和新创意的产生，从而提高团队的创新绩效。但本部分认为，研发团队成员的异质性并不是越高越好，只有当异质性在合理水平上时才能对团队的创新绩效产生正面影响。当异质性水平过低或过高都对创新有负面影响。当异质性水平过低时，团队的决策会比较容易，但缺少创新性；异质性水平高于一定水平时，可能又会因为成员之间意

见的分歧太大而无法有效决策。但是到底异质性达到什么水平才是最合适的,有待进一步研究。

(2)研发团队的人格异质性与研发团队的交互记忆系统强度呈正相关,相关系数为 0.705（$p<0.01$）。该结论同样存在一定的局限性,即异质性是否越高越好,达到什么水平才是最合适的,有待进一步研究。

(3)交互记忆系统在研发团队的人格异质性与创新绩效之间起到部分中介作用。团队交互记忆系统是影响团队知识分享与群体智力的重要因素,其可以通过对群体智力的影响,进而影响研发团队的创新绩效。群体智力是团队学习和知识共享的成果,也是团队创造力与集体创新能力的内在决定因素（金杨华,2009）。

二、研究的不足与展望

但由于研究设计和方法上的局限,本部分仍存在一些不足之处:

(1)本部分的不足之处在于样本量偏少,缺少纵向数据支持。本部分根据同一时点上不同团队的横向数据进行分析并形成结论,得出的结论在本质上只是变量间的相关关系,变量间的因果关系还需要纵向研究进行检验。

(2)本部分主要是分析了人格异质性对创新绩效的影响。研发团队成员的异质性的维度很多,如年龄、性别、专业、职称等这些异质性不是单一作用于创新绩效,而是交互作用于创新绩效。以人格异质性为单一因素为自变量,分析与交互记忆及创新绩效之间的关系所得结论的可靠性有待进一步研究。

后续研究有必要充分考虑团队异质性的各个维度的综合作用对创新绩效的影响。

第十一章
优化营商环境　促进创新发展

伴随我国全面深化改革战略不断深入推进以及"一带一路"等对外开放新体制逐步形成，构建适应新时代发展需要的营商环境的诉求已经提升至国家战略发展高度。党中央、国务院历来高度重视优化营商环境工作。2018年11月1日，习近平总书记在民营企业座谈会上指出"要不断为民营经济营造更好的发展环境，帮助民营经济解决发展中的困难，支持民营企业改革发展"。2018年的《政府工作报告》中明确提出"不断优化营商环境，提升经济发展质量，优化营商环境就是解放生产力"。当前，"放管服"改革进入深水区，持续优化营商环境，推动改革不断向纵向发展是新时代发展的要求所在。构建公平竞争的营商环境对国家、社会、企业都至关重要，打造良好的营商环境是建设现代化经济体系、促进高质量发展的重要基础，也是政府提供公共服务的重要内容。但从各地发展实践看，居民和企业日益增长的优质营商环境需要和不平衡不充分的营商环境建设之间矛盾逐渐凸显，即我国的营商环境还存在诸多与新时代发展不协调的因素，存在很多堵点和痛点问题，与打造市场化、法治化和国际化的营商环境的目标要求还相去甚远，营商环境建设之路任重而道远。本部分拟在厘清营商环境概念边界的基础上，对我国当前营商环境的现状进行解析，最后提出优化营商环境的路径，为我国实现创新创业战略提供保障。

第一节　新时代优化营商环境的价值意蕴

"营商环境"源于世界银行集团国际金融公司（IFC）"Doing Business"的项目调查，是指一个企业在开设、经营、纳税、关闭及执行合约等方面，遵循政策、法规所需要的时间、成本等条件，包括影响企业正常经营活动的一切外部因素，如政务环境、市场环境、法治环境、人文环境及国际经贸环境因素的综合。营商环境是政府与市场、社会共同提供的一种具有制度特征的特殊公共产品，是公共治理的产物之一（娄成武、张国勇，2018）。近年来，国内经济增长放缓，国际经济形势严峻，综合国内外形势，打造良好的营商环境，降低企业生产成本，振兴实体经济，激发国内创业创新活力，吸引国外资金进驻，对于我国经济长期稳定增长非常关键。

一、促进经济高质量发展的支撑点

现阶段，我国经济已由高速增长阶段转向高质量发展阶段，营商环境的优劣与经济社会发展质量高低息息相关。优化营商环境，激发经济活力，是推动高质量发展的重要基础、发展前提和有力支撑，对实现高质量发展具有重要意义。近几年来，党中央、国务院持续推进"放管服"改革向纵深发展，通过削减行政审批事项，放宽市场准入，加强事中事后监管，提高监管效能，推行"互联网+政务服务"，深化数据共享开放等一系列举措，创造了较好的投资环境，营商环境持续改善，激发了市场活力，增强了内生动力，为高质量发展打下了重要基础。

二、深化供给侧结构性改革的着力点

营商环境就是生产力和竞争力。持续优化营商环境是深化供给侧结构性改革的内在要求，也是贯彻新发展理念的必然选择。政府通过优化政务服务供给侧改革，减少公众和企业办事跑腿次数，精简办事材料，压缩办理时间，制度性交易成本逐渐降低，市场主体活力显著增强。生产力得到解放，营商环境自然就会大幅改善。比如，浙江的"最多跑一次"改革，大力推行"一窗受理、集成服务"，实现办理材料、办理指南的标准化、规范化，优化办理流程、强化部门协同，努力减少政府和市场主体之间的信息不对称，消除各种模糊性审批条件和隐性门槛，补齐制度短板，这些都是深化供给侧结构性改革的重要举措和具体表现，抓住了供给侧结构性改革的重心和着力点。

三、提升国际竞争力的突破点

在经济转型发展的关键时期，优化营商环境是破除制约发展障碍的根本途径，是提高国家或地区核心竞争力的有效方法，是决定要素禀赋相似的两个国家在竞争中胜出的关键因素。营商环境的优劣决定高端要素的流向，是综合实力和国际竞争力的重要构成要素。营商环境的改善，不仅可以提高国内投资者的凝聚力，促进生产力提高和经济发展，而且有利于提高对国外投资者的吸引力，外资的流入可以促进我国的经济增长（董志强等，2012）。打造国际化的营商环境，与国际接轨，有助于进一步提升我国国际竞争力。而糟糕的营商环境会给国家带来严重影响。例如，沙特记者被杀事件，受到了美国等许多国家的关注及对此采取了相应的措施，西门子推迟签署价值200亿美元的沙特能源协议。可见，恶劣的政商关系会影响到营商环境，进而影响国家的声誉、社会的经济发展。

四、发挥企业家精神作用的关键点

公平竞争的营商环境有助于企业家创新精神的发挥。企业家精神的培育与发展需要公平稳定的法治环境、政治环境、市场环境和社会环境作保证。完善的法治环境更能激发企业家精神向生产性活动的配置。良好的机制不仅能够激发企业家创新精神,而且还能够促进企业家将创新成果投入市场,实现创新向创业的转换,最终提高生产性企业家精神配置,差的政治法律制度安排,会迫使企业家投入更多精力在非生产性政治和法律活动中(龙海军,2017)。稳定的政治环境给企业提供了有利的方针与政策,明确了国民经济的发展方向和速度,在一定程度上降低了企业研发投入的风险,使得企业愿意、敢于增加研发投入。公平竞争的营商环境有利于企业公平获取资源,增加企业的研发投入(何凌云、陶东杰,2018),提高企业创新创业活力,促进企业更多创新绩效的产生。规范的市场环境使得经济体之间的交易成本降低,产生更高的资源配置效率,提高企业研发投入的可行性。和谐的社会环境激发企业创新的意识,提供企业创新的有利条件,促进企业加大研发投入的激情。

五、提升人民群众获得感的落脚点

科学统筹各项改革任务,释放改革含金量,推动高质量发展的最终目标就是让人民群众更有获得感。获得感既包括物质层面也包含精神层面,即新时代不但要提高人们的物质生活水平,还要能够使人民群众享受到公平公正的同等权利。公平竞争的营商环境意味着合理的政治环境、高效的法治环境、有序的市场环境、和谐的社会环境,确保企业经营拥有较高的公共管理服务效率与质量、合理优惠的政策制度支持及完善的法律法规保护,使得企业能够健康运营,促进社会经济不断发展,从而降低失业率,提高经济水平,解决人们物质生活问题。在促进经济发展的同时,坚持平等原则,保证人们的人格平等、机会平等及权利平等,尽管人们之间存在民族、职业、经济状况等方面的差异，但具有相同的价值、尊严与社会地位，同等参与社会活动的机会及法律面前同等地享受权利等，保障了人民群众公正稳定的权利诉求。因此，公平竞争的营商环境能够给人民群众带来优越的物质生活水平及平等的权利享受，提高了人民群众的获得感。

第二节　我国营商环境的现实困境

营商环境是国家经济软实力、国际竞争力提高的重要途径，是企业健康运营的有效保证，是社会公众获得和谐稳定生活的前提条件。党的十八大以来，中国营商环境得到了根本性改善，全球排名和便利度指数上升态势明显。而当前我国营商环境整体情况不容乐观，在政府行为与服务、政策制度、法律法规及市场秩序等方面都存在很多难点、堵点，造成了营商环境中的不公平现象与恶性竞争行为，亟须改善和优化。

一、营商便利程度国际排名滞后

据世界银行近期发布的《2019年营商环境报告》显示，2018年中国营商环境排名由第78位提升至第46位，是改进最为显著的10个经济体之一。报告显示，新西兰、新加坡和丹麦的营商环境便利度位列全球前三，排名末三位的均来自非洲经济最不发达的经济体。我国位列第46位，与上年有较大提升，进入前50名，中国营商环境最好的香港地区排名第5位，较上年上升1位。中国营商环境便利度（综合前沿距离指数）为46，表明中国与全球经济体的最优水平相距40%。如果按照营商环境便利程度划分，中国处在"便利"类别，整体表现较好。但是，仍低于泰国（27位）、哈萨克斯坦（28位）、韩国（7位）等亚洲周边国家，相较于欧洲、北美、亚洲其他发达经济体，差距更加明显。从细分的具体指标看，获得信贷、执行合同、办理破产3个指标略有下降，开办企业、办理施工许可证、获得电力、保护中小企业投资者、纳税及跨境贸易等8个指标排名上升幅度较大，但与国际整体水平相比较，还有很大提升空间，具体表现为企业开办手续繁杂、成本高；对民营企业尤其是中小企业保护力度不够；税务手续多，税负高；跨境贸易难度大。我国近六年营商环境指标具体排名如表11-1所示。

表11-1 2014~2019年我国营商环境指标排名

指标	排名					
	2019	2018	2017	2016	2015	2014
营商便利程度	46	78	78	84	90	96
开办企业	28	93	127	136	128	151
办理施工许可证	121	172	177	176	179	177
获得电力	92	98	97	92	124	121
登记财产	27	41	42	43	37	38
获得信贷	73	68	62	79	71	67
保护中小企业投资者	64	119	123	134	132	123
纳税	114	130	131	132	120	127
跨境贸易	65	97	96	96	98	98
执行合同	6	5	5	7	35	36
办理破产	61	56	5553	55	53	52

数据来源：世界银行2014~2019年营商环境报告。

二、"放管服"改革精神落实不到位

2014年国务院第一次常务会议主题是"解放政权"，即精简政府机构，消除束缚市场主体的"无形枷锁"，将经营管理权下放给企业。但在政府层面仍然存在着明放暗不放的现象，政府利用私权对企业进行无限的干预，在管理中层层设卡，关于企业生产经营活动的行政审批事项复杂，行政审批中介服务费及经营服务收费繁多。世界银行提供的数据表明，在我国开办一家企业平均需要7个步骤、近27天，完成所有程序平均花费人均收入的0.6%，而综合排名第一的新西兰只需1个步骤、0.5天及花费人均收入的0.3%，这些数字说明了我国企业开办成本高、办事难度大。政府处于强势地位，对企业的开办与经营能够形成约束与强制，政府有力的支持与鼓励会使企业的发展顺利而又快速，而政府的反对与阻挠却会大大增加企业经营的难度甚至造成企业失败退出。对此有些企业会采用不当的寻租行为和拜访贿赂官员等腐败活动来寻求政府的庇护，以获得经济利益，妨碍了政府管理的透明度，进一步弱化了政府服务的公平性。此外，在"双创"大潮涌起的当下，有些监管理念和管理模式已经滞后，无法适应新经济发展特点，监管方式不够创新，事中事后监管不够完善，政府服务不够完善等（李国强、马晓白，2018）。

三、企业的不平等国民待遇突出

在当前的地方立法中，有些立法带有严重的偏见现象，倾向性较为明显，过于重视对重点领域、重点行业等企业的扶持，却在一定程度上使得其他市场主体在企业经营起点就遭受到了不公平的对待，损害了法规的公正性（陈仿文、张亚卿，2018）。如存在多部市场主体法，各类市场主体的权利、责任和义务并不统一。一方面，多头多层执法现象严重，模糊了公权与私权的界限；另一方面，选择性执法及弹性执法现象仍然普遍存在。一是民营企业存在案件受理难问题，如国有企业拖欠民营企业贷款到法院起诉，法院却找出各种理由不予立案，即使立案判民营企业胜诉，执行也难以到位。二是同案不同判现象普遍存在，由于我国法官往往不能独立判案，要受到上级领导及地方领导的干预，容易出现"领导打招呼"等现象，甚至枉法裁决，造成冤假错案。在我国，与非国有企业相比而言，国有企业享受到更多政策性优待也是不争的事实，政府在宏观管理中偏向于国有企业，对民营企业缺乏重视。政府与市场关系界限不清，在政府对市场不正当干预的情况下，行业准入、项目审核及税收等方面存在过度保护现象，导致民营企业进入市场难度加大；一些领域仍保持着一定的行政审批和行政管制，束缚了民营企业的发展。民营企业由于自身的特殊性，在获取信息、资源及技术等方面存在天然的弱质性，且目前金融机构针对民营企业的贷款普遍门槛高、手续繁，"玻璃门"现象严重，导致民营企业难以在现有的金融体制中寻求到支持。不管是直接融资还是间接融资，都存在融资难、融资成本高、融资风险大等问题（董彪、李仁玉，2016）。

四、社会信用体系建设任务艰巨

社会信用体系建设是社会主义市场经济体制和社会治理体制的重要组成部分，是提升国家整体竞争力、促进社会发展和文明进步的重要手段。市场经济需要强大的信用平台，包括政府信用、企业信用和个人信用，任何一项信用的缺失，都会导致经济活动出现严重的问题，而诚信缺失、道德失范已经成为当今社会突出的问题。

目前，社会信用体系建设主要面临的问题有：信用信息征集难，数据少、质量不高；信用联合奖惩机制不完善，联合奖惩措施没有真正落实；信用服务市场发育滞后，信用信息应用场景少；社会诚信问题突出，依法守约、诚实守信的良好风尚还没有形成。比如，政府服务限于承诺，对于提出的税收减免、专项资金扶持等优惠政策总是找各种理由拒绝兑现承诺，迟迟不付诸行动；管理服务不公开透明，甚至利用公权谋私利，严重影响了政府的信用。企业依旧存在制假售假、非法融资、逃避债务等问题，企业信用逐渐消失。企业家花费更多精力围绕在政府身旁，采用收买政府等非法措施获取超额收益，个人信用缺失，扰乱了金融秩序，大大降低了市场环境的诚信与公平。

五、构建新型亲清政商关系任重道远

习近平总书记在民营企业座谈会上强调:"各级党委和政府要把构建亲清新型政商关系的要求落到实处,把支持民营企业发展作为一项重要任务。"构建亲清的政商关系不仅是新时期提升营商环境的重要举措,更是促进营造和谐社会的关键维度。由于对权力的监督规范不足,错误思潮影响,权钱交易现象增多,政商关系领域容易成为权钱交易的重灾区。在政府服务方面,政府机构设置不合理,企业办理事物程序繁杂,且通常会带有一些隐性收费和间接成本,增加了企业的开办成本;行政人员服务意识薄弱,办事懒散,效率低下,有的政府公职人员在工作时间外坚决抵制与私营企业家接触,导致企业项目一拖再拖,错过项目实施最佳机会;政府清廉程度不高,一些领导干部把握不好与企业交往的分寸,在处理企业相关问题时容易抵制不住诱惑,做出违背政府原则的事情。而企业为了走捷径获取利益,把更多的精力放在对政府的"照顾"上,采用不公平的方式获取政府保护,企图寻求最大获利。因此,政府在处理政商关系时容易走极端"亲而不清",存在无形的"隔离门"和"玻璃门"现象。

第三节 新时代背景下优化营商环境的路径

营商环境优化的根本目的在于降低企业外部环境的不确定性和制度性交易成本,增进企业的收益和稳定性预期,从而激发企业作为市场主体的活力和创造性(张国勇、娄成武,2018)。因此,所有改善营商环境的新举措,都要以人民为中心,以提升企业和公众的满意度和获得感为目标。市场主体和社会公众的评价是营商环境的最终评判标准,提升营

商环境要做到政府不扰民，企业不求人，要按照党的十九届三中全会"两个最大限度减少"的要求，积极遵循"市场能解决的、政府不干预，民间能负担的、政府不承办"的原则，进一步深化"放管服"改革，优化营商环境（徐根兴，2018）。

一、提升政府治理能力，打造营商环境的透明化

优化营商环境是一个系统工程，涉及政务、社会、人文、产业等各方面的生态创新，是政府自我革命，也是提升国家治理体系和治理能力现代化的重大举措，需要统筹社会系统各方力量，推动实现政府、社会、市场、公众和企业整体联动，良性互动。在数字化背景下，提升政府治理能力的突破口是建设"数字政府"，以信息化推进国家治理体系和治理能力现代化，加快推动电子政务，打通信息壁垒，构建全流程一体化在线服务平台，为企业、市民带来公平办事、高效服务和过程顺畅的办事体验，是政府自身建设、管理、服务水平提升的重要体现。此外，作为一种具有制度特征的公共产品，营商环境的建设过程也是一个公共治理过程，政府是营商环境最主要的治理主体。以"放管服"改革为核心的政府治理能力提升是构建公平竞争的营商环境优化之关键所在（娄成武、张国勇，2018）。

强化"放管服"的改革力度，建设透明高效的政治环境，需要政府发挥其治理主体的作用。加快政府职能转变，提高政务透明度。政府职能的越位给企业的发展带来了约束，审批程序的复杂加大了企业经营的难度，收费项目的繁多造成了企业开办成本的增加，因此政府应简政放权，最大限度地放权给市场与企业，提供简化的审批程序、合理的收费标准，提高办事效率。基于简政放权、扩大市场主体自由的目的，可进一步加强权利清单的实施。党中央、国务院在《关于推行地方各级政府工作部门权利清单制度的指导意见》中指出"分门别类进行全面彻底梳理行政职权，对没有法定依据的行政职权，应及时取消"。通过权力清单的公

布，使政府依据清单行使权力，避免权责交叉、暗箱操作等问题的出现。此外，加强政府信息的公开共享力度，采用社会公示、专家咨询等方式向社会公开其管理过程（刘锦、张三保，2016），接受社会和公众的监督，进一步增强政府工作的透明度，树立廉洁政府形象，让企业、人民群众安心。

二、加强产权保护和监管机制创新，打造营商环境的法治化

完备的营商法律体系是促进市场主体依法经营、规范办事、健康竞争的前提。针对当前营商环境立法滞后状况，避免一些不法人员钻法律的空子，应设立完备的相关法律体系，重点开展知识产权保护、行政效率提升等方面的立法，填补法律空白，保证政府和企业人员都能够依法用权、依法办事。产权保护特别是知识产权保护是塑造良好营商环境的重要方面（刑文杰、刘彤，2015）。因为知识产权保护是对企业创新创业成果的保护，严格的知识产权保护制度能够依法保护企业家的合法权益，给企业家带来安全公平的法治环境。

面对"四新"需解决好"严格执法与包容审慎"的关系问题。"四新"是指新经济、新业态、新技术和新模式，监管部门对于"四新"的业务流程和形态还比较生疏，存在着很难识别风险点和实施监管的问题，容易导致监管过度或者过宽，出错的可能性大大增加，必须做好防范预案。对"四新"经济市场主体，实行包容式监管，采取建议、提醒、约谈等行政指导方式，督促其合法经营，预防和避免违法行为发生；对有轻微违法且未对社会、人身造成危害的行为，依法减轻或不予行政处罚；对潜在风险大、社会风险高的领域，实施严格监管，提前消除风险隐患；对触及监管红线、假借"四新"经济之名行严重违法之实的，予以重点打击，从重处罚。

建立规范合理的监管标准。完善、统一的监管体系是衡量政府管理服务、企业经营运作效果的有效途径，是对政府滥用权力、企业非法竞

争行为的有力监督。监管体系的不完备会导致政府利用公权谋取私利，企业采取不法贿赂行为寻求政府保护，降低政府服务的公正性，却能侥幸免于法律的制裁与惩处，使得政府企业腐败行为愈演愈烈，营商环境愈加糟糕。因此，应建立统一规范的监管标准，加强对政府及企业的监管，使其能在合理的约束下进行活动。对于政府的监管可采用廉政监察与行政效能监察，廉政监察是对政府廉政程度的监督，以解决以权谋私行为，促进廉政建设；行政效能监察是对政府行政服务效率及效能情况开展进行监督检查，以解决失职行为，提高行政效能（张国勇、娄成武，2018）。对国企、民企应实行同等程度的监管，加大企业违法行为的惩罚力度，依法查处企业严重违法违纪现象，对企业开展商业贿赂等腐败行为进行严肃查办。

三、强化信用建设和规范有序，打造营商环境的市场化

（一）完善社会信用体系

信用是一种相互信任的生产关系和社会关系，任何事情在信用的基础上都将达到事半功倍的效果。政府信用、企业信用、个人信用共同构成了完整的社会信用体系，无信用市场经济就无法健康发展。政府信用是改善市场环境的重要保障，能够影响社会全局。建立公众对政府的信任是企业与个人信用建立的前提条件，政府应当兑现落实任何政策性的承诺，避免失信行为的产生。建立和完善企业信用是市场经济的客观要求，目前我国企业信用制度尚不完善，企业不讲信用、弄虚作假问题突出，应大量减少商业欺诈、逃废债务等不法行为的发生，大力打击假冒伪劣产品、偷税漏税等行为。个人信用也是社会信用体系必不可少的一部分，企业家应自觉遵纪守法，诚信经营，主动抵制制假售假、侵犯知识产权等违法行为（张季平等，2017）。

（二）优化市场准入机制

由于各种烦琐的审批程序及服务收费，加大了民营企业进入市场的

难度与成本。对此可实行负面清单管理模式，市场准入负面清单制度以清单形式公开列明，规定不开放的经济领域，除禁区之外，其他行业、领域和经济活动都有依法平等进入市场的自由，企业可自主决策、平等竞争，免于不合理的审批限制，放宽私营企业的市场领域，给民营企业创造充足的市场空间。同时，进一步深化商事制度改革，加强实施"多证合一""先照后证"，大力减少前置审批（龚柏华，2014），提高市场准入效率。改善市场准入环境，从而增强企业活力，促进市场自由竞争，打破垄断，完善社会资源配置。

（三）严格规范市场秩序，健全公平竞争的市场监管体系

规范的市场秩序是营商主体良性运作营商活动的基础。市场秩序是指生产经营主体所有交易行为及其后果的综合，包括市场准入和退出、市场竞争及市场交易行为三个方面（左沛延，2105）。市场准入和退出需要遵循一定的规则，不可肆意进入与退出；市场竞争应使用正当手段，提倡自由竞争及公平竞争；市场交易行为应坚持诚信原则，不可虚假销售，采用欺诈手段。只有具备公平公正的市场秩序，才能形成统一规范的市场体系。首先，需要有行之有效的制度支持，确保有规则地去执行，尽可能地防止主观随意因素。其次，要有相关的市场管理组织，偌大的市场无组织管理，终究会产生许多不可避免的问题。最后，需要加强市场监管，我国市场监管越分越细，但监管方式却缺乏有效性。应建立科学监管的规则与方法，除行政处罚、行政强制等传统方式外，积极采用信息监管（黄振饶，2015），强化政府与社会公众的信息沟通，披露有关信息，实现标准、程序、结果公开，进而形成对被监管者的社会监督与约束。

四、加强制度创新供给，打造营商环境的制度化

制度理论认为，公共政策具备三个明显特征：合法性、普遍性、强制性，任何公众与团体都需要服从与遵守，对其行为具有强制作用。政

府应该借助政策制度的特殊性质发挥对构建公平竞争营商环境的关键作用，政府作为营商环境优化的责任主体应以有效的制度创新实现政府服务的高效性、市场竞争的公平性与社会要素的完备性。

无论是规范市场竞争，还是维护公平正义，都是对现有营商环境的优化，都需要一套比过去更加完整、更加科学的制度，以转变政府职能为核心的政府治理能力提升是优化营商环境的关键。政府以"放管服"改革为核心，通过一系列的体制机制创新提升政府治理能力，促进营商环境的整体优化，要明确政府的职能边界，政府的放权是为了释放市场和社会的发展活力，要以制度变革提升政府的审批效率、监管能力和服务水平，通过"权力清单""责任清单"和"负面清单"等清单式管理，实现政府对市场和社会积极、适度、有效的干预。但是，清单式管理不能教条化，对于新业态、新技术等问题要科学稳妥具有包容性的处理。制度的建立是为了减少人们交易中的不确定性（道格拉斯·诺斯等，2002）。

营商环境作为一种制度环境，涉及政府与市场、社会领域的多种主体，这就要求政府在制定制度时要善于协调多方利益，使制度制定既于法有据，又切实可行，最大限度地满足企业对制度的需求。在制度化建设过程中，要建立健全问责工作机制。问责制是保障各项规章制度落实的重要保障，也是制度执行的重要抓手。例如，国务院颁布的《关于在市场体系建设中建立公平竞争审查制度的意见》，旨在规范政府行为，防止出台破坏统一市场及公平竞争的政策措施。对出台的政策可进行公平竞争审查，进一步使政策规范合理化，提高政策的公平性。

五、加快建立开放性经济新体制，打造营商环境的国际化

在新时代背景下，营商环境不仅是本土区域间的竞争，也是国际的竞争，是国家经济软实力的重要体现。打造国际化的营商环境，可以从以下几个方面着力：

（一）持续放宽市场准入，加大金融领域开放

大幅放宽银行、证券和保险等金融行业的外资市场准入，减少限制措施，提升自由化水平。推进金融市场进一步开放，服务"一带一路"建设。推动人民币国际化进程，增加进出口企业融资渠道，促进国际贸易发展。加大与国际金融中心城市交流与合作，培育发展金融要素市场，促进金融服务产品创新，提升金融服务实体经济能力。

（二）建立与国际接轨的营商规则

按照国际规则、国际惯例办事，引入国际通用的行业规范和管理标准，建立符合国际通行规则的科研项目管理和成果分享机制。深入落实外资准入前国民待遇，以及负面清单管理制度，鼓励外资企业引进更多创新成果，实现产业化。开展多种形式的国际产能合作，推动企业加快适应全球贸易投资新竞争规则。积极鼓励企业参与制定国际标准、参加国际化活动（史欣向、郑蕴，2018）。

（三）加快自贸区建设，促进贸易便利化

加快保税物流中心和保税仓的申报与建设，通过对优势资源的整合，扩大保税区域带动力和环境吸引力，积极对接"一带一路"国家倡议。推动实施"互联网+便利通"模式改革，实现一体化便利通关，提高各地自贸区参与国际贸易的市场竞争力。

六、构建中国评价体系，打造营商环境的特色化

开展营商环境评价，是推动高质量发展、建设现代化经济体系的内在要求，是与国际接轨、与世界前沿对标的具体举措，是"以评促改"优化营商环境的前提。其目的是建立简单易行、指向明确的营商环境评价指标体系，引导地方形成优化营商环境的良性竞争。

（一）对标一流，借鉴国际评价指标

世界银行发布的《营商环境报告》（*Doing Business*）自2003年首次发布以来，指标逐渐完善，由原来的5项扩展到现在的10项，主要选取了

两类指标来衡量营商环境便利度。一类是程序手续性指标，包括开办企业、办理施工许可、获得电力、登记财产、缴纳税款、跨境贸易；另一类是法律执行指标，包括获得信贷、保护投资者、执行合同、解决破产。这些指标较好地反映了企业从开办到注销整个生命周期中，政府与企业的关系规则，即政府提供良好的营商环境，对企业的商业经营进行高效透明监管，打造亲清新型政商关系。

（二）因地制宜，构建中国特色营商环境评价体系

世行的营商环境报告为各经济体提供了一个视角评估各自的营商便利程度，因各经济体的经济体制不同，难免会存在局限性。因此，从中国的实际国情出发，构建一套具有中国特色的营商环境评价体系就更有针对性。营商环境评价体系除了要考核自然环境、人力资源、基础设施等配套服务，更重要的是考核各地政府的办事效率。所以，在保留和丰富国际通行的评价指标的基础上，融入中国改革的时代要求和地方特色是构建中国特色营商环境评价体系的根本遵守。具体来讲，不仅要考虑政府为企业全生命周期服务指标，还要充分反映各地的经济吸引力，比如市场开放程度、招商引资、招投标、劳动力保障成本、经济规模、消费与需求、税赋压力等，也要充分体现各地的高质量发展水平，比如产出效益、结构优化、科技创新、绿色生态、开放合作、生活品质、就业质量等，准确、完整地反映一个地区的营商环境优劣。

此外，制定评价指标固然重要，但根本目的是更好地推进各地政府简政放权，提升政府效能，建设现代经济体系，推动高质量发展，提升企业和群众的获得感。

营商环境就是生产力和竞争力，良好的营商环境有助于增加企业家与市场信心，有利于经济增长，对经济发展的影响越来越受到重视。党的十八大以来，以优化营商环境为基础进行全面深化改革，出台了系列优化营商环境的政策文件和政策举措，持续推进商事制度改革，创新监管理念和方式，优化政务服务，引入第三方专业机构，借鉴国际经验做

法，初步构建了中国特色、国际可比的营商环境评价指标体系。但目前我国营商环境还存在很多堵点、痛点，需要政府、企业及社会公众的多方努力，创造公平竞争有序的政治、法治、市场及社会环境，构建透明化、法治化、市场化、制度化、国际化、特色化的营商环境，以竞争促活力，以公平保稳定。

参考文献

[1] Aiken L S, West S G. Multiple Regression: Testing and Interpreting Interactions [M]. Sage, 1991.

[2] AkgÜN A E, Byrne J, Keskin H, Lynn G S, Imamoglu S Z. Knowledge Network in New Product Development Projects: A Transactive Memory Perspective [J]. Information & Management, 2005 (45): 1105-1120.

[3] Alavi M. Managing Organizational Knowledge [M] //Zmud R W. Framing The Domains of IT Management: Projecting the Future Through the Past. Cincinnati: Pinnaflex Educational Resources, Inc., 2000: 15-28.

[4] Allen J, James A D, Gamlen P. Formal Versus Informal Knowledge Networks in R&D: A Case Study Using Social Network Analysis [J]. R&D Management, 2007, 37 (3): 179-196.

[5] Amabile T M.A Model of Creativity and Innovation in Organizations [J]. Research in Organizational Behavior, 1988, 10 (1): 123-167.

[6] Amabile T. The Social Psychology of Creativity [M]. New York: Springer-Verlag, 1983.

[7] American Psychology Association. The Road to Resilience: What Is Resilience [EB/OL]. http://Www.Apa.Org.Helpcenter/Road-Resilience.Aspx. 2011.

[8] Argote L, Miron-Spektor E. Organizational Learning: From Experience to Knowledge [J]. Organization Science, 2011, 22 (5): 1123-1137.

[9] Argote L, Ren Y. Transactive Memory Systems: A Micro-Foundation of Dynamic Capabilities [J]. Journal of Management Studies, 2012, 49 (8): 1375-1382.

[10] Argote L. Organizational Learning: Creating, Retaining and Transferring Knowledge [M]. Norwell, MA: Kluwer, 1999.

[11] Austin J R. Transactive Memory in Organizational Groups: The Effects of Content, Consensus, Specialization, and Accuracy on Group Performance [J]. Journal of Applied Psychology, 2003, 88 (5): 866-878.

[12] Bao Y, Li C, Zhao H. Servant Leadership and Engagement: A Dual Mediation Model [J]. Journal of Managerial Psychology, 2018, 33 (6): 406-417.

[13] Baron R M, Kenny D A. The Moderator-Mediator Variable Distinction in Social Psychological Research: Conceptual Strategic, and Statistical Considerations [J]. Journal of Personality and Social Psychology, 1986, 51 (6): 1173-1182.

[14] Baum J A C, Ingram P. Survival-Enhancing Learning in the Manhattan Hotel Industry [J]. Management Science, 1998, 44 (7): 996-1016.

[15] Baumard P. Starbuck W H. Learning from Failures: Why It May Not Happen? [J]. Long Range Planning, 2005, 38 (3): 281-298.

[16] Becton J B, Giles W F, Schraeder M. Evaluating and Rewarding Ocbs: Potential Consequences of Formally Incorporating Organizational Citizenship Behavior in Performance Appraisal and Reward Systems [J]. Employee Relations, 2008, 30 (5): 494-514.

[17] Bock G W, Kim Y G. Breaking the Myths of Rewards: An Exploratory Study of Attitudes About Knowledge Sharing [J]. Information Resources Management Journal, 2002, 15 (2): 14-21.

[18] Borgatti S P, Cross R.A Relational View of Information Seeking

and Learning in Social Networks [J]. Management Science, 2003, 49 (4): 432-445.

[19] Boswell W R, Boudreau J W. Separating the Developmental and Evaluative Performance Appraisal Uses [J]. Journal of Business and Psychology, 2002, 16 (3): 391-412.

[20] Bradley B H, Postlethwaite B E, Klotz A C, Et Al. Reaping the Benefits of Task Conflict in Teams: The Critical Role of Team Psychological Safety Climate [J]. Journal of Applied Psychology, 2012, 97 (1): 151.

[21] Brown M E, Trevi O L K, Harrison D A. Ethical Leadership: A Social Learning Perspective for Construct Development and Testing [J]. Organizational Behavior & Human Decision Processes, 2005, 97 (2): 117-134.

[22] Cabrera A, Collins W C, Salgado J F. Determinants of Individual Engagement In Knowledge Sharing [J]. The International Journal of Human Resource Management, 2006, 17 (2): 245-264.

[23] Cannon M D, Edmondson A C. Confronting Failure: Antecedents and Consequences of Shared Beliefs About Failure in Organizational Work Groups [J]. Journal of Organizational Behavior, 2001, 22 (2): 161-177.

[24] Carmeli A, Schaubroeck J. Organizational Crisis-Preparedness: the Importance of Learning from Failures [J]. Long Range Planning, 2008, 41 (2): 177-196.

[25] Carmeli A, Cittell J H. High Quality Relationships Psychological Safety and Learning from Failures in Work Organizations [J]. Journal of Organizational Behavior, 2009, 30 (6): 709-729.

[26] Carmeli A. Social Capital, Psychological Safety and Learning Behaviors from Failure in Organizations [J]. Long Range Planning, 2007, 40 (1): 30-44.

[27] Carter D, Baghurst T. The Influence of Servant Leadership on

Restaurant Employee Engagement [J]. Journal of Business Ethics, 2014, 124 (3): 453-464.

[28] Cascio T. Incorporating Spirituality into Social Work Practice: A Review of What to Do [J]. Families in Society: The Journal of Contemporary Social Services, 1998, 79 (5): 523-531.

[29] Chang W, Taylor S A. The Effectiveness of Customer Participation in New Product Development: A Meta-Analysis [J]. Journal of Marketing, 2016, 80 (1): 47-64.

[30] Chen X G, Li X, Clark J G, Dietrich, B.G. Knowledge Sharing in Open Source Software Project Teams: A Transactive Memory System Perspective [J]. International Journal of Information Management, 2013 (33): 553-563.

[31] Chiang Y H, Shih H A, Hsu C C. High Commitment Work System, Transactive Memory System, and New Product Performance [J]. Journal of Business Research, 2014, 67 (4): 631-640.

[32] Chiniara M, Bentein K. Linking Servant Leadership to Individual Performance: Differentiating the Mediating Role of Autonomy, Competence and Relatedness Need Satisfaction [J]. Leadership Quarterly, 2016, 27 (1): 124-141.

[33] Cleveland J N, Murphy K R, Williams R E. Multiple Uses of Performance Appraisal: Prevalence and Correlates [J]. Journal of Applied Psychology, 1989, 74 (1): 130-135.

[34] Collins S. Knowledge Exchange and Combination: The Role of Human Resource Practices in the Performance of High-Technology Firms [J]. Academy of Management Journal, 2006, 49 (3): 544-560.

[35] Cooper R G, Kleinschmidt E J. New Product Success Factors: A Comparison of "Kills" Versus Successes and Failures [J]. R&D Management,

1990, 20 (1): 47-63.

[36] Corbett A C. Experiential Learning Within the Process of Opportunity Identification and Exploitation [J]. Entrepreneurship Theory and Practice, 2005, 29 (4): 473-491.

[37] Costa P T, Mccrae R R. NEO-PI-R Professional Manual. Revised NEO Personality Inventory (NEO-PIR) and NEO Five Factor Inventory (NEO-FFI) [M]. Odessa, FL: Psychological Assessment Resources, 1992.

[38] Costa P T, Mccrae R R. The NEO-PI/NEO-FFI Manual Supplement [M]. Odessa, FL: Psychological Assessment Resources, 1989.

[39] Cui A S, Wu F. Utilizing Customer Knowledge in Innovation: Antecedents and Impact of Customer Involvement on New Product Performance [J]. Journal of the Academy of Marketing Science, 2016, 44 (4): 516-538.

[40] Dahl D W, Fuchs C, Schreier M.Why and When Consumers Prefer Products of User~Driven Firms: A Social Identification Account [J]. Management Science, 2015, 61 (8): 1978-1988.

[41] Dahlin K B, Weingart L R, Hinds P J. Team Diversity and Information Use [J]. Academy of Management Journal, 2005, 48 (6): 1107-1123.

[42] Darr E D, Argote L, Epple D. The Acquisition, Transfer and Depreciation of Knowledge in Service Organizations: Productivity in Franchises [J]. Management Science, 1995, 41 (11): 1750-1762.

[43] Das T K, Bing S T. Trust, Control, and Risk in Strategic Alliances: An Integrated Framework [J]. Organization Studies, 2001, 22 (2): 251-283.

[44] Davenport T H, Prusak L H. Working Knowledge: How Organization Manage What They Know [M]. Boston: Harvard Business School Press, 1998.

[45] De Jong J P J, Von Hippel E, Gault F, et al. Market Failure in

the Diffusion of Consumer-developed Innovations: Patterns in Finland [J]. Research Policy, 2015, 44 (10): 1856-1865.

[46] Disterer G.Individual and Social Barriers to Knowledge Transfer [C]. Proceeding of the 34th Hawaii International Conference on System Science, 2001.

[47] Drucker P F.The Discipline of Innovation[J]. Harvard Business Review, 1998 (6): 149-157.

[48] Edmondson A C. Psychological Safety and Learning Behavior in Work Teams [J]. Administrative Science Quarterly, 1999, 44 (2): 350-383.

[49] Ehrhart M G, Naumann S E. Organizational Citizenship Behavior in Work Groups: A Group Norms Approach [J]. Journal of Applied Psychology, 2004, 89 (6): 960.

[50] Eisenberger M, Hornedo J, Silva H, et al. Carboplatin (NSC-241-240): An Active Platinum Analog for the Treatment of Squamous-Cell Carcinoma of the Head and Neck [J]. Journal of Clinical Oncology, 1986, 4 (10): 1506-1509.

[51] Ellis A. System Breakdown: The Role of Mental Models and Transactive Memory in the Relationship Between Acute Stress and Team Performance [J]. Academy of Management Journal, 2006, 49 (3): 576-589.

[52] Ernst H. Success Factors of New Product Development: A Review of the Empirical Literature [J]. International Journal Of Management Reviews, 2002, 4 (1): 1-40.

[53] Fang, Eric (Er). Customer Participation and the Trade-Off Between New Product Innovativeness and Speed to Market [J]. Journal of Marketing, 2008, 72 (4): 90-104.

[54] Faraj S W, Sproull L. Coordinating Expertise in Software Development Teams [J]. Management Science, 2000, 46 (12): 1554-1568.

[55] Fombrun C J. Reputation: Image Corporate the from Value Realizing [M]. Boston A: Press School Business Harvard, 1996.

[56] Franke N, Von Hippel E, Schreier M. Finding Commercially Attractive User Innovations: A Test of Lead-User Theory[J]. Journal of Product Innovation Management, 2006, 23 (4): 301-315.

[57] Ge B S, Dong B B. Resource Integration Process and Venture Performance: Based on the Contingency Model of Resource Integration Capability [C]. International Conference on Management Science and Engineering At Long Beach, USA, 2008 (10): 281-288.

[58] Gibson C B, Birkinshaw, J. The Antecedents, Consequences, and Mediating Role of Organizational Ambidexterity [J]. Academy of Management Journal, 2004, 47 (4): 209-226.

[59] Gino F, Argote L, Miron-Spektor E, Todorova G. First Get Your Feet Wet: When and Why Prior Experience Fosters Team Creativity [J]. Organizational Behavior and Human Decision Processes, 2010, 111 (2): 93-101.

[60] Grayer J. Organizational Climate and Project Success [J]. International Journal of Project Management, 2001, 19 (2): 103-109.

[61] Green S G, Welsh M A, Dehler G E. Advocacy Performance, and Threshold Influences on Decisions to Terminate New Product Development [J]. Academy of Management Journal, 2003, 46 (4): 419-434.

[62] Gruner R L, Christian Homburg. Firm-Hosted Online Brand Communities and New Product Success [J]. Journal of the Academy of Marketing Science, 2014, 42 (1): 29-48.

[63] Gulati R, Nickerson J A.Inter-Organizational Trust, Governance Choice and Exchange Performance [J]. Organization Science, 2008 (5): 1-21.

[64] Haleblian J, Finkelstein S. the Influence of Organizational Acquisition Experience on Acquisition Performance: A Behavioral Learning Perspective [J]. Administrative Science Quarterly, 1999, 44 (1): 29-56.

[65] Hamel G, Prahalad C K. Corporate Imagination and Expeditionary Marketing [J]. Harvard Business Review, 1991, 69 (4): 81-92.

[66] Hansen M T. Knowledge Networks: Explaining Effective Knowledge Sharing in Multiunit Companies [J]. Organization Science, 2002, 13 (3): 232-248.

[67] Holcomb T R, Ireland R D, Holmes R M, et al. Architecture of Entrepreneurial Learning: Exploring the Link Among Heuristics Knowledge, and Action[J]. Entrepreneurship Theory and Practice, 2009, 33 (1): 167-192.

[68] Hong P, Doll W J, Nahm A Y, et al. Knowledge Sharing in Integrated Product Development [J]. European Journal of Innovation Management, 2004, 7 (2): 102-112.

[69] Hoppockr. Jobsatisfaction [M]. Newyork: Harper & Row, 1935.

[70] Hsu J S C, Shih S P, Chiang J C, et al. The Impact of Ttransactive Memory Systems on IS Development Teams' Coordination, Communication, and Performance[J]. International Journal of Project Management, 2012, 30 (3): 329-340.

[71] Jackson S.Resume Differences Make a Difference: Individual Dissimilarity and Group Heterogeneity as Correlates of Recruitment, Promotions and Turnover [J]. Journal of Applied Psychology, 1991 (76): 675-689.

[72] Jackson S E, Joshi A, Erhardt N L.Recent Research on Team and Organizational Diversity: SWOT Analysis and Implications[J]. Journal of Management, 2003, 29 (6): 801-830.

[73] James L R, Demaree R G, Wolf G. Estimating Within-Group In-

terrater Reliability with and Without Response Bias [J]. Journal of Applied Psychology, 1984, 69 (1): 85-98.

[74] James L R, Demaree R G, Wolf G. Rwg: An Assessment of Within Group Interrater Agreement [J]. Journal of Applied Psychology, 1993 (78): 306-309.

[75] Jayaram J, Malhotra M K. The Differential and Contingent Impact of Concurrency on New Product Development Project Performance: A Holistic Examination [J]. Decision Sciences, 2010, 41 (1): 147-196.

[76] Jehiel P. Analogy-Base Expectation Equilibrium [J]. Journal of Economic Theory, 2005, 123 (2): 81-104.

[77] Jing Zhou. When the Presence of Creative Coworkers Is Related to Creativity: Role of Supervisor Close Monitoring, Developmental Feedback, and Creative Personality [J]. Journal of Applied Psychology, 2003, 88 (3): 413-422.

[78] Johnson W H A, Luo C. NPD Project Timeliness: The Project-Level Impact of Early Engineering Effort and Customer Involvement [J]. International Journal of Product Development, 2008, 6 (2): 160-176.

[79] Kanawattanachai P, Yoo Y. The Impact of Knowledge Coordination on Virtual Team Performance Overtime [J]. IS Quarterly, 2007, 31 (4): 782-808.

[80] Klein K J, Dansereau F, Hall R J. Level Issues in Theory Development, Data Collection and Analysis [J]. Academy of Management Review, 1994, 19 (2): 195-229.

[81] Knight D, Pearce C L, Smith K G. Top Management Team Diversity, Group Process and Strategic Consensus [J]. Strategic Management Journal, 1999 (20): 445-465.

[82] Krackhardt D, Hanson J R. Informal Networks: The Company Be-

hind the Chart [J]. Harvard Business Review, 1993, 71 (4): 104–111.

[83] Kraimer M L, Wayne S J. An Examination of Perceived Organizational Support as a Multidimensional Construct in the Context of an Expatriate Assignment [J]. Journal of Management, 2004, 30 (2): 209–237.

[84] Kurtz J E, Sherker J L. Relationship Quality, Trait Similarity, and Self-Other Agreement on Personality Ratings in College Roommates [J]. Journal of Personality, 2003 (71): 21–48.

[85] Lawler E E. Performance Management: The Next Generation [J]. Compensation & Benefits Review, 1994, 26 (3): 16–19.

[86] Leigh W. Collection and Connection: The Anatomy of Knowledge Sharing in Professional Service Firms [J]. Organization Development Journal, 1999, 17 (4): 61–72.

[87] Levinthal D A. Random Walks and Organizational Mortality [J]. Administration Science Quarterly, 1991, 36 (3): 397–420.

[88] Levinthal D A. Random Walks and Organizational Mortality [J]. Administration Science Quarterly, 1991, 36 (3): 397–420.

[89] Levy P E, Williams J R. The Social Context of Performance Appraisal: A Review and Framework for the Future [J]. Journal of Management, 2004, 30 (6): 881–905.

[90] Lewis K, Lange D, Gillis L.Transactive Memory Systems, Learning, and Learning Transfer [J]. Organization Science, 2005, 16 (6): 581–598.

[91] Lewis K. Knowledge and Performance in Knowledge-Worker Teams: A Longitudinal Study of Transactive Memory Systems[J]. Management Science, 2004, 50 (11): 1519–1533.

[92] Lewis K. Measuring Transactive Memory Systems in the Field: Scale Development and Validation [J]. Journal of Applied Psychology, 2003, 88

(4): 587-604.

[93] Li H, Atuaheneima K. Product Innovation Strategy and the Performance of New Technology Ventures in China [J]. Academy of Management Journal, 2001, 44 (6): 1123-1134.

[94] Liang D W, Moreland R, Argote L. Group Versus Individual Training and Group Performance: The Mediating Role of Transactive Memory [J]. Personality and Social Psychology Bulletin, 1995, 21 (4): 384-393.

[95] Liang D R, Devak R. Investigating the Encoding Process of Transactive Memory Development in Group Training [J]. Group & Organization Management, 2000, 25 (4): 373-377.

[96] Lipman-Blumen J, Leavitt H J. Hot Groups: Seeding Them, Feeding Them, and Using Them to Ignite Your Organization [M]. NY: Oxford University Press, 1999.

[97] Locke E, Henne D. Work Motivationtheories in Cooper and Robert [J]. Internation Reviews of Industrial and Organizational Psychology, 1986 (1): 1-35.

[98] Madsen P M, Desai V. Failing to Learn? The Effects of Failure and Success on Organizational Learning in the Global Orbital Launch Vehicle Industry [J]. Academy of Management Journal, 2010, 55 (3): 451-476.

[99] Mahembe B, Engelbrecht A S. The Relationship Between Servant Leadership, Affective Team Commitment and Team Effectiveness [J]. Journal of Human Resource Management, 2013, 11 (1): 1-10.

[100] Malik O R, Kotabe M. Dynamic Capabilities, Government Policies and Performance in Firms from Emerging Economies: Evidence from Indian and Pakistan [J]. Journal of Management Studies, 2009, 46 (3): 421-450.

[101] Marks M A, Mathieu J E, Zaccaro S J. A Temporally Based

Framework and Taxonomy of Team Processes[J]. Academy of Management Review, 2001, 36 (3): 356-376.

[102] Martinko M J, Gardner W L.The Leader/Member Attribution Process [J]. Academy of Management Review, 1987, 12 (2): 235-249.

[103] Martinko M J P , Harvey And S C Douglas. The Role, Function, and Contribution of Attribution Theory to Leadership: A Review [J]. The Leadership Quarterly, 2007, 18 (6): 561-585.

[104] Mayer R C, Davis J H, Schoorman F D. An Integrative Model of Organization Trust [J]. Academy of Management Review, 1995, 20 (3): 32-52.

[105] Mayer R C , Gavin M B. Trust in Management and Performance: Who Minds the Shop While the Employees Watch the Boss? [J]. Academy of Management Journal, 2005, 48 (5): 874-888.

[106] Mcallister D J. Affect-and Cognition-Based Trust as Foundations for Interpersonal Cooperation in Organizations [J]. Academy of Management Journal, 1995, 38 (1): 24-59.

[107] Mcmillan R. Customer Satisfaction and Organizational Support for Service Providers [D]. University of Florida, 1997.

[108] Meyer K F. Split Roles in Performance Appraisal [J]. Harvard Business Review, 1965 (43): 123-129.

[109] Miller C, Burke L, Glick W. Cognitive Diversity Among Upper-Echelon Executives: Implications for Strategic Decision Processes [J]. Strategic Management Journal, 1998 (19): 39-58.

[110] Miller K D, Pentland B T, Choi S. Dynamics of Performing and Remembering Organizational Routines [J]. Journal of Management Studies. 2012, 49 (8): 1536-1558.

[111] Mitchell J C. The Concept and Use of Social Networks [M].

Bobbs-Merrill, 1969.

[112] Moreland R, Levine J. Problem Identification by Groups. Group Process and Productivity [M]. Newbury Park, CA: Sage Publications, 1992.

[113] Neubert M J, Hunter E M, Tolentino R C. A Servant Leader and Their Stakeholders: When Does Organizational Structure Enhance a Leader's Influence? [J]. Leadership Quarterly, 2016, 27 (6): 896-910.

[114] Nicolas M, Estelle M. Investigating the Relationship Between Transactive and Performance in Collaborative [J]. Learning and Instruction, 2009, 19 (1): 43-54.

[115] Nonaka I, Konno N. The Concept of "Ba": Building a Foundation for Knowledge Creation [J]. California Management Review, 1998, 40 (3): 40-54.

[116] Nonaka L. A Dynamic Theory of Organizational Knowledge Creation [J]. Organization Science, 1994 (5): 14-37.

[117] Noroozi O, Biemans H J A, Weinberger A, et al. Scripting for Construction of a Transactive Memory System in Multidisciplinary CSCL Environments [J]. Learning and Instruction, 2013, 25 (6): 1-12.

[118] O'Hern M S, Rindfleisch A. Brand Remixing: 3D Printing the Nokia Case [J]. Review of Marketing Research, 2015 (12): 53-81.

[119] Oddgeir F, Monica M, Jan H. R. Likert-Based Vs. Semantic Differential-Based Scorings of Positive Psychological Constructs: A Psychometric Comparison of Two Versions of a Scale Measuring Resilience [J]. Personality and Individual Differences, 2006 (40): 873-884.

[120] Ollier-Malaterre A. Contributions of Work-Life and Resilience Initiatives to the Individual/Organization Relationship [J]. Human Relations, 2010, 63 (1): 41-62.

[121] O'reilly C A, Anderson J C. Trust and the Communication of

Performance Appraisal Information: The Effect of Feedback on Performance and Job Satisfaction [J]. Human Communication Research, 1980, 6 (4): 290-298.

[122] Pamela T, Farmer S M. Creative Self-Efficacy: Its Potential Antecedents and Relationship to Creative Performance [J]. The Academy of Management Journal, 2002, 45 (6): 1137-1148.

[123] Penin J, Burger-Helmchen T.Crowdsourcing of Inventive Activities: Definition and Limits [J]. International Journal of Innovation & Sustainable Development, 2017, 5 (2/3): 246-263.

[124] Podsakoff P M, Organ D W. Self-Report Problems in Organizational Research: Problems and Prospects [J]. Journal of Management, 1986, 12 (4): 531-544.

[125] Podsakoff P M, Mackenzie S B, Lee J Y, Podsakoff NP. Common Method Biases in Behavioral Research: A Critical Review of the Literature and Recommended Remedies [J]. Journal of Applied Psychology, 2003, 88 (5): 879-903.

[126] Politis D. The Process of Entrepreneurial Learning: A Conceptual Framework [J]. Entrepreneurship Theory and Practice, 2005, 29 (4): 399-424.

[127] Priem R L, Li S, Carr J C. Insights and New Directions from Demand-Side Approaches to Technology Innovation, Entrepreneurship, and Strategic Management Research [J]. Journal of Management, 2012, 38 (1): 346-374.

[128] PullÉS D C, GutiÉRrez L J F, LlorÉNs-Montes J. Transactive Memory System and TQM: Exploring Knowledge Capacities [J]. Industrial Management & Data Systems, 2013, 113 (2): 294-318.

[129] Ren Y, Argote L. Transactive Memory Systems 1985-2010: An

Integrative Framework of Dimensions, Antecedents and Consequences [J]. Academy of Management Annals, 2011, 5 (1): 189-230.

[130] Rousseau D M, Sitkin S B, Burt R S, Camerer C F. Not So Different After All: A Cross Discipline View of Trust [J]. Academy of Management Review, 1998, 23 (3): 393-404.

[131] Russell R F, Stone A G. A Review of Servant Leadership Attributes: Developing A Practical Model [J]. Leadership & Organization Development Journal, 2013, 23 (3): 145-157.

[132] Schweisfurth T G. Comparing Internal and External Lead Users as Sources of Innovation [J]. Research Policy, 2016, 46 (1): 238-248.

[133] Scott S G, Bruce R A. Determinants of Innovative Behavior: A Path Model of Individual Innovation in the Workplace [J]. The Academy of Management Journal, 1994, 37 (3): 580-607.

[134] Shalley C E, Perry-Smith J E. Effects of Social-Psychological Factors on Creative Performance: The Role of Informational and Controlling Expected Evaluation and Modeling Experience [J]. Organizational Behavior and Human Decision Processes, 2001, 84 (1): 1-22.

[135] Shalley C E, Zhou J, Oldham G R. The Effects of Personal and Contextual Characteristics on Creativity: Where Should We Go from Here? [J]. Journal of Management, 2004, 30 (6): 933-958.

[136] Shepherd D A, Wiklund J, Haynie M. Moving Forward: Balancing the Financial and Emotional Costs of Business Failure[J]. Journal of Business Venturing, 2009, 24 (2): 134-148.

[137] Siegei S M, Kaemmerer W F. Measuring the Perceived Support for Innovation in Organizations [J]. Journal of Applied Psychology, 1978, 63 (1): 53-62.

[138] Skaggs B C, Youndt M, Strategic Positioning, Human Capital

and Performance in Service Organizations: A Customer Interacting Approach [J]. Strategic Management Journal, 2004 (25): 85-99.

[139] Szulanski G. Exploring Internal Stickiness: Impediments to the Transfer of Best Practice Within the Firm [J]. Strategic Management Journal, 1996 (17): 27-43.

[140] Tan H H, Tan C S. Toward the Differentiation of Trust in Supervisor and Trust in Organization [J]. Genetic, Social, and General Psychology Monographs, 2000, 126 (2): 241-260, 112.

[141] Teece D J. Explicating Dynamic Capabilities: The Nature and Microfoundations of (Sustainable) Enterprise Performance [J]. Strategic Management Journal, 2007, 28 (13): 1319-1350.

[142] Thompson M, Heron P. Relational Quality and Innovative Performance in R&D Based Science and Technology Firms [J]. Human Resource Management Journal, 2006, 16 (1): 28-47.

[143] Van Den Hooff B, De Ridder J A. Knowledge Sharing in Context: The Influence of Organizational Commitment, Communication Climate and CMC Use on Knowledge Sharing [J]. Journal of Knowledge Management, 2004, 8 (6): 117-130.

[144] Van, Dierendonck D. Servant Leadership: A Review and Synthesis [J]. Journal of Management, 2011, 37 (4): 1228-1261.

[145] Vassilikopoulou A, Siomkos G, Chatzipanagiotou K, Pantouvakis A. Product-Harm Crisis Management: Time Heals All Wounds? [J]. Journal of Retailing Curd Consumer Services, 2009 (16): 174-180.

[146] Von Hippel E. Democratizing Innovation: The Evolving Phenomenon of User Innovation [J]. International Journal of Innovation Science, 2009, 1 (1): 29-40.

[147] Walumbwa F O, Hartnell C A, Oke A. Servant Leadership, Pro-

cedural Justice Climate, Service Climate, Employee Attitudes, and Organizational Citizenship Behavior: A Cross-Level Investigation [J]. Journal of Applied Psychology, 2010, 95 (3): 517-529.

[148] Wang M, Liao H, Zhan Y. Daily Customer Mistreatment and Employee Sabotage against Customers: Examining Emotion and Resource Perspectives [J]. Academy of Management Journal, 2015, 54 (2): 312-334.

[149] Watson W E, Kumar K, Michaelson L K. Cultural Diversity's Impact on Interaction Process and Performance: Comparing Homogeneous and Diverse Task Groups[J]. Academy of Management Journal, 1993 (36): 590-602.

[150] Wegner D M. A Computer Network Model of Human Transactive Memory [J]. Social Cognition, 1995, 13 (3): 319-339.

[151] Wegner D M.Transactive Memory: A Contemporary Analysis of the Group Mind [M] //Mullen B, Goethals G. R. Theories of Group Behavior. New York: Springer-Verlag, 1986.

[152] Wenger E. Communities of Practice: Learning, Meaning, and Identity [M]. Cambridge University Press, 1999.

[153] Wheeler D W. Scale Development and Construct Clarification of Servant Leadership [J]. Group & Organization Management an International Journal, 2006, 31 (3): 300-326.

[154] Wolfe R A. Organizational Innovation: Review, Critique and Suggested Research Directions [J]. Journal of Management Studies, 1994, 31 (3): 405-431.

[155] Wong C S, Law K S. The Effect of Leader and Follower Emotional Intelligence on Performance and Attitude: An Exploratory Study [J]. Leadership Quarterly, 2002, 13 (3): 243-274.

[156] Wu L. Applicability of the Resource-Based and Dynamic-Capa-

bility Views Under Environmental Volatility [J]. Journal of Business Research, 2010, 63 (1): 27-31.

[157] Yli-Renko. Social Capital, Knowledge Acquisition, and Knowledge Exploitation in Young Technology-Based Firm [J]. Strategic Management Journal, 2001 (6): 464-478.

[158] Yoshida D T, Sendjaya S, Hirst G, Cooper B. Does Servant Leadership Foster Creativity and Innovation? A Multi-Level Mediation Study of Identification and Prototypicality[J]. Journal of Business Research, 2014, 67 (7): 1395-1404.

[159] Zahra S A, George G. Absorptive Capacity: A Review, Re-Conceptualization and Extension [J]. Academy of Management Review, 2002, 27 (2): 185-203.

[160] Zenger T R, Lawrence B S. Organizational Demography: The Differential Effects of Age and Tenure Distributions on Technical Communication [J]. Academy of Management Journal, 1989 (32): 353-376.

[161] Zheng Y. Unlocking Founding Team Prior Shared Experience: A Transactive Mmemory System Perspective [J]. Journal of Business Venturing, 2012, 27 (5): 577-591.

[162] Aftab M, Uddin, 罗帆等. 变革型领导对知识型员工创造过程参与的影响——以内在动机为中介变量 [J]. 武汉理工大学学报 （社会科学版），2018, 31 (1): 78-83+96.

[163] 宝贡敏，徐碧祥. 组织内部信任理论研究述评[J]. 外国经济与管理，2006, 28 (12): 1-9+17.

[164] 曹勇，向阳. 知识治理对知识共享与员工创新行为的影响研究[J]. 情报杂志，2013, 32 (5): 202-206.

[165] 曾萍，邓腾智，宋铁波. 社会资本动态能力与企业创新关系的实证研究 [J]. 科研管理，2013, 34 (4): 50-59.

[166] 查成伟. 高科技企业员工失败学习影响机制及其能力提升研究[D]. 南京航空航天大学博士学位论文，2017.

[167] 常涛，廖建桥. 促进知识共享的团队绩效考核策略研究[J]. 科技进步与对策，2009，26（12）：112-115.

[168] 陈东健，陈敏华. 工作价值观、组织支持感对外企核心员工离职倾向的影响[J]. 经济管理，2009（11）：96-115.

[169] 陈仿文，张亚卿. 用公平竞争营造最好的营商环境[J]. 学术月刊，2018（3）：38-40.

[170] 陈公海. 企业研发团队非正式网络的结构特征对产品创新绩效影响的研究[D]. 中国人民大学博士学位论文，2008.

[171] 陈公海. 组织内的非正式网络——一个文献综述[J]. 兰州学刊，2007，162（3）：116-118，82.

[172] 陈开成. 组织沉默及其影响因素[J]. 消费导刊，2010（6）：12.

[173] 陈雯. 基于SNA的企业内部非正式社会网络研究[D]. 同济大学博士学位论文，2007.

[174] 陈晓红，蔡志章. 顾客互动、市场知识能力和商品成功化程度研究[J]. 科研管理，2007，28（5）：94-101.

[175] 陈晓萍，徐淑英，樊景立. 组织与管理研究的实证方法（第二版）[M]. 北京：北京大学出版社，2012.

[176] 陈岩，綦振法，陈忠卫等. 中庸思维对团队创新的影响及作用机制研究[J]. 预测，2018，37（2）：15-21.

[177] 陈艳艳. 员工工作满意度基础理论及影响因素研究综述[J]. 北方经贸，2018，409（12）：141-144.

[178] 陈志霞，廖建桥. 组织支持感及其前因变量和结果变量研究进展[J]. 人类工效学，2006，12（1）：62-65.

[179] 程娟. 上次辱虐管理与同时不文明行为对员工反生产力行为的影响：资源保存理论视角[D]. 南京财经大学博士学位论文，2018.

[180] 代栓平,纪玉山.中美贸易争端的警示:加快发挥综合竞争优势,推动技术自主创新[J].社会科学辑刊,2018(6):28-37.

[181] 戴勇,朱桂龙,肖丁丁.内部社会资本、知识流动与创新绩效——基于省级技术中心企业的实证研究[J].科学学研究,2011,29(7):1046-1055.

[182] 道格拉斯·诺斯,路平,何玮.新制度经济学及其发展[J].经济社会体制比较,2002(5):5-10.

[183] 邓志华,陈维政.服务型领导对员工工作行为的影响——以工作满意感为中介变量[J].科学学与科学技术管理,2012,33(11):172-180.

[184] 丁越兰,骆娜.组织支持、组织文化认同和情绪工作作用机制研究[J].统计与信息论坛,2013,28(2):98-103.

[185] 董保宝,葛宝山,王侃.资源整合过程、动态能力与竞争优势:机理与路径[J].管理世界,2011(3):92-101.

[186] 董彪,李仁玉.我国法制化国际化营商环境建设研究——基于《营商环境报告》的分析[J].制度建设,2016(13):141-143.

[187] 董霞,高燕,马建峰.服务型领导对员工主动性顾客服务绩效的影响——基于社会交换与社会学习理论双重视角[J].旅游学刊,2018,33(6):66-77.

[188] 董志强,魏下海,汤灿晴.制度软环境与经济发展——基于30个大城市营商环境的经验研究[J].管理世界,2012(4):9-20.

[189] 杜占河,魏泽龙,谷盟.离岸IT外包中如何降低发包方的知识保护:基于社会交换理论的观点[J].中国科技论坛,2016(12):110-115.

[190] 段锦云,孙维维,田晓明.组织沉默现象:概念、形成机制及影响[J].华东经济管理,2010,24(2):154-156.

[191] 范艳萍.组织公平、社会支持与农民工组织承诺研究[J].河海

大学学报（哲学社会科学版），2015，16（1）：44-47.

［192］方琦.团队心理安全、知识共享与交互记忆系统的关系研究［D］.浙江工商大学博士学位论文，2011.

［193］方正，杨洋.产品伤害危机及其应对研究前沿探析［J］.外国经济与管理，2009，31（12）：39-44，57.

［194］菲利普·科特勒，凯文·莱恩·凯勒.营销管理（第15版）［M］.何佳讯等，译.上海：格致出版社，2016.

［195］付亚和，许玉林.绩效考核［M］.上海：复旦大学出版社，2003.

［196］高峰.打破组织沉默的良方［J］.企业改革与管理，2013（3）：40-41.

［197］高辉.中国情境下的制度环境与企业创新绩效关系研究［D］.吉林大学博士学位论文，2017.

［198］高笑，陈红."大五"人格模型与工作绩效关系的研究进展［J］.人类工效学，2007，13（3）：67-69+66.

［199］龚柏华.国际化和法治化视野下的上海自贸区营商环境建设［J］.学术月刊，2014（1）：38-44.

［200］顾远东，周文莉，彭纪生.组织支持感对研发人员创新行为的影响机制研究［J］.管理科学，2014，27（1）：109-119.

［201］何会涛，袁勇志，彭纪生.绩效评价导向对员工创造性的影响——绩效评价公平性的调节作用［J］.科学学研究，2012，30（5）：739-747.

［202］何凌云，陶东杰.营商环境会影响企业研发投入吗？——基于世界银行调查数据的实证分析[J].江西财经大学学报，2018（3）：50-57.

［203］何悦桐.动态环境下组织学习与战略柔性对企业技术创新的影响研究［D］.吉林大学博士学位论文，2013.

［204］贺小刚，李新春，方海鹰.动态能力的测量与功效：基于中国

经验的实证研究 [J]. 管理世界，2006（3）：94-103.

[205] 亨特. 服众之道：如何让他人心甘情愿地执行=The World's Most Powerful Leadership Principle [M]. 北京：电子工业出版社，2005.

[206] 胡洪浩，王重鸣. 国外失败学习研究现状探析与未来展望 [J]. 外国经济与管理，2011，33（11）：39-47.

[207] 黄海艳. 服务型领导风格、工作满意度对研发团队创新行为的影响 [J]. 当代经济管理，2013，35（10）：79-83.

[208] 黄海艳. 顾客参与对新产品开发绩效的影响：动态能力的中介机制 [J]. 经济管理，2014（3）：87-97.

[209] 黄海艳. 绩效评价导向对研发人员的工作压力——工作绩效曲线关系的调节作用 [J]. 科学学与科学技术管理，2014（7）：162-170.

[210] 黄海艳. 交互记忆系统与研发团队的创新绩效：以心理安全为调节变量 [J]. 管理评论，2014，26（12）：91-99.

[211] 黄海艳. 非正式网络对创新绩效的影响机制——绩效评价导向的调节作用 [J]. 软科学，2015，182（2）：56-60.

[212] 黄海艳. 交互记忆系统、动态能力与创新绩效关系研究 [J]. 科研管理，2016，37（4）：68-76.

[213] 黄海艳. 差异化变革型领导对公共部门团队知识共享的影响 [J]. 中国行政管理，2016，378（12）：72-76.

[214] 黄海艳，柏培文. 注册会计师的工作压力、组织支持感与工作绩效研究 [J]. 审计研究，2014（2）：89-94.

[215] 黄海艳，陈效林. 开创我国"双元"均衡创新的新局面 [N]. 光明日报 2016-01-06.

[216] 黄海艳，李乾文. 研发团队成员人格异质性与创新绩效：以交互记忆系统为中介变量 [J]. 情报杂志，2011，30（4）：186-192.

[217] 黄海艳，李乾文. 研发团队的人际信任对创新绩效的影响——以交互记忆系统为中介变量[J]. 科学学与科学技术管理，2011，32（10）：

173-179.

[218] 黄海艳. 非正式网络对个体创新行为的影响：组织支持感的调节作用［J］. 科学学研究，2014（3）：631-638.

[219] 黄海艳，苏德金，李卫东. 失败学习对个体创新行为的影响——心理弹性与创新支持感的调节效应［J］. 科学学与科学技术管理，2016，37（5）：161-169.

[220] 黄海艳. 着力打造国际一流营商环境［J］. 中国行政管理，2019，406（4）：7-8.

[221] 黄小聘. 组织公平、信任与组织公民行为之研究［D］. 台湾中山大学博士学位论文，2002.

[222] 黄彦婷，杨忠，金辉等. 基于社会影响理论的知识共享意愿产生模型［J］. 情报杂志，2013，32（6）：141-146.

[223] 黄振饶. "一带一路"国家战略视野下的广西营商环境建设［J］. 社会科学家，2015（10）：41-44.

[224] 贾杭胜. 民营中小企业创新发展机制研究［D］. 合肥工业大学博士学位论文，2016.

[225] 姜卫韬. 中小企业自主创新能力提升策略研究——基于企业家社会资本的视角［J］. 中国工业经济，2012，291（6）：107-119.

[226] 蒋建武，赵曙明，戴万稳. 战略人力资源管理对组织创新的作用机理研究［J］. 管理学报，2010，7（12）：1779-1783.

[227] 焦豪，魏江，崔瑜. 企业动态能力构建路径分析：基于创业导向和组织学习的视角［J］. 管理世界，2008，175（4）：98-113.

[228] 金辉，杨忠. 从"心动"到"行动"：基于多模型对比的知识共享行为研究［J］. 科学学与科学技术管理，2013，34（7）：63-73.

[229] 金立印. 企业声誉、行业普及率与服务保证有效性——消费者响应视角的实验研究［J］. 管理世界，2007（9）：115-125.

[230] 金昕，陈松. 知识源战略、动态能力对探索式创新绩效的影

响——基于知识密集型服务企业的实证[J].科研管理,2015,36(2):32-40.

[231] 金杨华.团队交互记忆系统对群体智力的影响[J].科研管理,2009,30(5):12-16.

[232] 柯江林,孙健敏,石金涛等.企业R&D团队之社会资本与团队效能关系的实证研究——以知识分享与知识整合为中介变量[J].管理世界,2007(3):89-101.

[233] 蓝海林,皮圣雷.经济全球化与市场分割性双重条件下中国企业战略选择研究[J].管理学报,2011,8(8):1107-1114.

[234] 李超平,鲍春梅.社会交换视角下的组织沉默形成机制:信任的中介作用[J].管理学报,2011,8(5):676.

[235] 李凤莲.高新技术企业HRM系统对员工创新行为影响研究[D].辽宁大学博士学位论文,2016.

[236] 李国强,马晓白.优化营商环境是促进高质量发展的重要基础[N].中国经济时报2018-05-07(005).

[237] 李浩,黄剑.团队知识隐藏对交互记忆系统的影响研究[J].南开管理评论,2018,121(4):136-149.

[238] 李辉.工作资源对员工创新行为的影响研究:基于资源保存理论的视角[J].南京工业大学学报(社会科学版),2018,17(6):69-80.

[239] 李维安.探求知识管理的制度基础:知识治理[J].南开管理评论,2007(3):1.

[240] 李雪灵,范长亮,申佳,万妮娜.创业失败与失败成本:创业者及外部环境的调节作用[J].吉林大学社会科学学报,2014,54(1):159-166,176.

[241] 李志远,赵树宽.跨部门整合、研发强度对新产品开发成功的影响——基于生物医药企业的实证研究[J].科学学研究,2011,29(1):49-55.

[242] 李梓涵昕. 服务型领导理论及其相关研究进展 [J]. 价值工程, 2011, 30 (35): 285-286.

[243] 林筠, 王蒙. 交互记忆系统对团队探索式学习和利用式学习的影响: 以团队反思为中介 [J]. 管理评论, 2014, 26 (6): 143-150, 176.

[244] 林筠, 闫小芸. 共享领导与团队知识共享的关系研究——基于交互记忆系统的视角 [J]. 科技管理研究, 2011, (31) 10: 133-137.

[245] 林萍. 企业资源、动态能力对创新作用的实证研究 [J]. 科研管理, 2012, 33 (10): 72-79.

[246] 林泉, 宋宝香, 邓朝晖. 知识共享价值感, 共享倾向对共享行为的影响——一项跨层次的纵向实验研究 [J]. 经济管理, 2011 (4): 151-159.

[247] 林文静, 段锦云. 团队服务型领导如何影响员工绩效: 基于社会交换的视角 [J]. 应用心理学, 2015, 21 (4): 344-353.

[248] 林晓敏, 林琳, 王永丽等. 授权型领导与团队绩效: 交互记忆系统的中介作用 [J]. 管理评论, 2014, 26 (1): 78-87.

[249] 林钰莹, 许灏颖, 王震. 公仆型领导对下属创造力的影响: 工作动机和领导—下属交换的作用 [J]. 中国人力资源开发, 2015, 32 (11): 50-57.

[250] 凌文辁, 杨海军, 方俐洛. 企业员工的组织支持感 [J]. 心理学报, 2006, 38 (2): 281-287.

[251] 凌文辁, 李锐, 聂婧, 李爱梅. 中国组织情境下上司—下属社会交换的互惠机制研究——基于对价理论的视角 [J]. 管理世界, 2019, 35 (5): 134-148+200.

[252] 刘冰峰. 非正式网络环境下研发团队隐性知识扩散伙伴选择研究 [J]. 经济研究导刊, 2018 (13): 164-165.

[253] 刘锦, 张三保. 企业腐败、劳动收入份额与工资差距——基于中国营商环境调查的证据 [J]. 宏观质量研究, 2016 (4): 63-74.

[254] 刘翔峰. 加快创新性国家建设是化解中美贸易摩擦根本之道[N]. 经济参考报 2018-04-18（007）.

[255] 刘晓静. 新形势下企业竞争优势的来源——动态能力对企业绩效的提升作用[J]. 经营与管理, 2013（1）：106-108.

[256] 刘雪梅. 联盟组合：价值创造与治理机制[J]. 中国工业经济, 2012（6）：70-82.

[257] 刘云, 石金涛. 组织创新气氛与激励偏好对员工创新行为的交互效应研究[J]. 管理世界, 2009（10）：88-101.

[258] 龙海军. 制度环境对企业家精神配置的影响：金融市场的调节作用[J]. 科技进步与对策, 2017（7）：94-99.

[259] 娄成武, 张国勇. 治理视域下的营商环境：内在逻辑与构建思路[J]. 辽宁大学学报（哲学社会科学版）, 2018（2）：59-66.

[260] 卢纪华, 陈丽莉, 赵希男. 组织支持感、组织承诺与知识型员工敬业度的关系研究[J]. 科学学与科学技术管理, 2013（1）：147-153.

[261] 卢嘉, 时勘, 杨继锋. 工作满意度的评价结构和方法[J]. 中国人力资源开发, 2001（1）：15-17.

[262] 路琳, 梁学玲. 知识共享在人际互动与创新之间的中介作用研究[J]. 南开管理评论, 2009, 12（1）：118-123.

[263] 路琳. 人际关系对组织内部知识共享行为的影响研究[J]. 科学学与科学技术管理, 2006, 27（4）：116-121.

[264] 罗家德, 叶勇助. 中国人的信任游戏[M]. 北京：社会科学文献出版社, 2007.

[265] 罗瑾琏, 花常花, 钟竞. 谦卑型领导对员工工作绩效和工作满意度的影响研究[J]. 软科学, 2015（10）：78-82.

[266] 罗晶. 服务型领导对员工主动行为的影响机制[D]. 华南理工大学博士学位论文, 2018.

[267] 罗珉, 李亮宇. 互联网时代的商业创新模式：价值创造视角

[J]. 中国工业经济, 2015, 322 (1): 95-107.

[268] 罗婷, 何会涛, 彭纪生. 认知、情感信任对不同知识共享行为的影响研究 [J]. 科技管理研究, 2009 (12): 381-383.

[269] 吕晓军. 政府补贴对企业技术创新的影响研究——来自战略性新兴产业上市公司的经验证据 [D]. 武汉大学博士学位论文, 2015.

[270] 吕兴群. 科技型新企业领导风格对创新绩效的影响研究: 知识获取的中介作用 [D]. 吉林大学博士学位论文, 2016.

[271] 吕逸婧, 陈守明, 邵婉玲. 高管团队交互记忆系统与组织绩效: 战略柔性的中介作用 [J]. 南开管理评论, 2018 (1): 216-224.

[272] 马君, 王玉. 绩效评价系统的内在驱动机制及其影响效应研究 [J]. 科研管理, 2010, 31 (6): 180-190.

[273] 马艳丽. 基于复杂系统的新创企业个体学习与机会识别关系研究 [D]. 吉林大学博士学位论文, 2014.

[274] 马玉波. 基于社会交换理论的南昌市企业科技协同创新问题与对策研究 [D]. 江西师范大学博士学位论文, 2015.

[275] 买热巴·买买提, 李野. 服务型领导与员工创造力——基于对领导者真诚性感知调节的研究 [J]. 经济管理, 2018, 40 (11): 90-105.

[276] 苗青. 创新之难——公司创业的禀赋效应 [J]. 科研管理, 2008, 29 (1): 188-191.

[277] 潘宏亮. 知识获取策略对新产品开发绩效的影响研究——以吸收能力为调节变量 [J]. 情报理论与实践, 2013, 36 (3): 77-81.

[278] 彭正龙, 赵红丹. 团队差序氛围对团队创新绩效的影响机制研究——知识转移的视角 [J]. 科学学研究, 2011, 29 (8): 1207-1215.

[279] 秦铁辉, 孙琳. 试论企业非正式网络及其在知识共享活动中的作用 [J]. 情报科学, 2009 (1): 1-5.

[280] 秦志华, 王冬冬, 金摇光. 信任机制对职务发明开发合作的作用机理——基于国家重点企事业单位的多案例比较研究 [J]. 科学学与科

学技术管理，2018（6）：7-20.

[281] 荣鹏飞，苏勇，王晓灵. CEO 领导风格、TMT 行为整合与企业创新绩效[J]. 学海，2018（1）：196-206.

[282] 商淑秀，张再生. 虚拟企业知识共享演化博弈分析[J]. 中国软科学，2015（3）：150-157.

[283] 沈选伟. 组织内信任对组织沉默的影响[D]. 河南大学博士学位论文，2008.

[284] 史丽萍，杜泽文，刘强. 交互记忆系统对知识团队绩效作用机制研究——以知识整合为中介变量[J]. 科技进步与对策，2013，30（8）：132-137.

[285] 史丽萍，刘强，唐书林. 团队自省性对团队学习能力的作用机制研究——基于交互记忆系统的中介作用和内部控制机制的调节作用[J]. 管理评论，2013，25（5）：102-115.

[286] 史欣向，郑蕴. 南沙自贸试验区建设市场化、法治化、国际化营商环境的路径与对策分析[J]. 广东经济，2018（1）：56-61.

[287] 宋锟泰，张正堂，赵李晶. 工作中的时间压力对员工工作幸福感的影响研究——个体特质调节焦点与服务型领导的三重交互作用[J]. 华东经济管理，2019，33（1）：162-170.

[288] 宋晓兵，徐珂欣，吴育振. 用户设计能否包打天下？——自我建构对用户设计产品偏好的影响研究[J]. 管理世界，2017（5）：119-130.

[289] 宋小婷，杨永忠，杨诺等. 高新技术企业中变革型领导行为对员工创造力的作用机理——基于员工成就导向的中介模型[J]. 技术经济，2018，37（10）：13-19+47.

[290] 孙锐，石金涛，张体勤. 中国企业领导成员交换团队成员交换、组织创新气氛与员工创新行为关系实证研究[J]. 管理工程学报，2009（4）：109-115.

[291] 孙锐，石金涛. 企业创新组织行为影响因素研究综述[J]. 中国

人力资源开发，2006（7）：14-19+32.

[292] 孙永磊，雷培莉.领导风格、组织氛围与组织创造力［J］.华东经济管理，2018，32（3）：112-118.

[293] 唐朝永，陈万明，彭灿.外部创新搜寻、失败学习与组织创新绩效［J］.研究与发展管理，2014，26（5）：73-81.

[294] 唐斯，努内斯.大爆炸创新［M］.杭州：浙江人民出版社，2014.

[295] 陶咏梅.组织创新氛围、个体学习能力和组织承诺、个体创新行为关系研究［D］.吉林大学博士学位论文，2013.

[296] 田启涛.服务型领导唤起员工工作重塑热情机制研究［J］.软科学，2018，32（6）：70-73.

[297] 田喜洲，谢晋宇.组织支持感受对员工工作行为的影响——心理资本中介作用的实证研究［J］.南开管理评论，2010（1）：23-29.

[298] 畑村洋太郎.失败学［M］.高倩艺，译.上海：上海科学技术出版社，2002.

[299] 汪纯孝，凌茜，张秀娟.我国企业公仆型领导量表的设计与检验［J］.南开管理评论，2009，12（3）：94-103.

[300] 汪涛，崔楠，芦琴.顾客依赖及其对顾客参与新产品开发的影响［J］.管理科学，2009，22（3）：65-74.

[301] 汪兴东，景奉杰，涂铭.单（群）发性产品伤害危机的行业溢出效应研究［J］.中国科技论坛，2012（11）：58-64.

[302] 王灿昊，段宇锋.不同领导风格、知识积累与组织双元性创新：能力柔性的调节作用［J］.科技进步与对策，2018，35（23）：23-30.

[303] 王传兵.中国汽车产业自主创新研究［D］.中国社会科学院研究生院博士学位论文，2014.

[304] 王登峰.人格特质研究的"大五"因素分类法［J］.心理学动态，1994，2（1）：34-41.

[305] 王端旭, 武朝艳. 变革型领导与团队交互记忆系统：团队信任和团队反思的中介作用 [J]. 浙江大学学报（人文社会科学版）, 2010 (10): 40-48.

[306] 王端旭, 薛会娟. 交互记忆系统对团队创造力的影响及其作用机制——以利用性学习和探索性学习为中介 [J]. 科研管理, 2013, 34 (6): 106-114.

[307] 王端旭, 薛会娟. 交互记忆系统与团队创造力关系的实证研究 [J]. 科研管理, 2011, 32 (1): 122-128.

[308] 王华瑞. 领导—成员交换如何影响雇员前瞻性行为？——权力距离的调节作用 [J]. 河南科技大学学报（社会科学版）, 2018, 36 (3): 83-88.

[309] 王鹏, 朱方伟, 宋昊阳等. 人际信任与知识隐藏行为：个人声誉关注与不确定性感知的联合调节 [J]. 管理评论, 2019, 31 (1): 157-172.

[310] 王兴元, 姬志恒. 跨学科创新团队知识异质性与绩效关系研究 [J]. 科研管理, 2013, 34 (3): 14-22.

[311] 王燕夷, 彭灿. 非正式网络对研发团队绩效的影响——以交互记忆系统为中介 [J]. 科学学研究, 2012, 30 (4): 581-590.

[312] 王震, 宋萌, 彭坚等. 服务创新靠"领导"，还是靠"制度"？服务型领导和服务导向人力资源管理制度对员工服务创新的影响 [J]. 管理评论, 2018, 30 (11): 48-58+69.

[313] 韦慧民, 龙立荣. 主管认知信任和情感信任对员工行为及绩效的影响 [J]. 心理学报, 2009, 41 (1): 86-94.

[314] 温忠麟, 张雷, 侯杰泰, 刘红云. 中介效应检验程序及其应用 [J]. 心理学报, 2004, 36 (5): 614-620.

[315] 文吉, 侯平平. 酒店一线员工情绪智力与工作满意度：基于组织支持感的两阶段调节作用 [J]. 南开管理评论, 2018 (1): 146-158.

[316] 文鹏，廖建桥. 不同类型绩效考核对员工考核反应的差异性影响——考核目的视角下的研究[J]. 南开管理评论，2010，13（2）：142-150.

[317] 吴培冠，陈婷婷. 绩效管理的取向对团队绩效影响的实证研究[J]. 南开管理评论，2009，12（6）：51-59.

[318] 吴伟伟，于渤，邓强，吴冲. 技术管理能力对新产品开发绩效的影响路径识别——基于动态能力视角[J]. 科学学与科学技术管理，2013，34（6）：106-115.

[319] 伍玉琴，王安民. 基于交互记忆系统的团队有效性模型研究[J]. 科技管理研究，2010（10）：191-193.

[320] 席酉民，张华，马骏. 成员间互动对团队绩效影响研究：基于和谐管理理论的视角[J]. 运筹与管理，2008，17（6）：134-139.

[321] 向长江，陈平. 信任问题研究文献综述[J]. 广州大学学报（社会科学版），2003，2（5）：39-42.

[322] 肖冬平，顾新. 知识网络中隐性知识的共享困境及其克服路径——基于非正式网络的观点[J]. 图书情报工作，2009（1）：108-112+132.

[323] 谢洪明，罗惠玲，王成. 学习、创新、与核心能力：机制和路径[J]. 经济研究，2007（2）：59-70.

[324] 谢俊，储小平，汪林. 效忠主管与员工工作绩效的关系：反馈寻求行为和权力距离的影响[J]. 南开管理评论，2012，15（2）：31-38.

[325] 辛晴，杨蕙馨. 知识网络如何影响企业创新：动态能力视角的实证研究[J]. 研究与发展管理，2012，24（6）：12-22+33.

[326] 刑文杰，刘彤. 基于营商环境视角的企业家创业行为研究[J]. 贵州大学学报（社会科学版），2015（4）：91-96.

[327] 胥彦，李超平. 服务型领导如何影响员工建言：领导信任和消极归因的作用[J]. 中国人力资源开发，2018，35（12）：6-12.

[328] 徐根兴. 营商环境还存在的问题与对策 [N]. 学习时报 2018-08-22 (006).

[329] 徐广兰. 感官体验和人际信任对农户农资网购意愿影响研究 [D]. 华中农业大学博士学位论文, 2017.

[330] 徐芮, 王涛. 企业创新网络中非正式治理的途径与作用研究 [J]. 决策咨询, 2018, 45 (3): 56-61.

[331] 许灏颖, 王震. 服务型领导对下属服务绩效的影响: 顾客导向和领导认同的作用 [J]. 心理科学, 2016, 39 (6): 1466-1472.

[332] 薛会娟. 高技术团队创造力的形成机理研究——基于交互记忆系统和共享心智模型视角 [J]. 科技管理研究, 2014, 34 (9): 102-105.

[333] 薛会娟. 交互记忆系统、学习与创造力的关系: 跨层次研究 [D]. 浙江大学博士学位论文, 2010.

[334] 杨付, 张丽华. 团队沟通、工作不安全氛围对创新行为的影响: 创造力、自我效能感的调节作用 [J]. 心理学报, 2012, 44 (10): 1383-1401.

[335] 杨红英, 徐跃明. 工作压力对新产品开发绩效的影响研究 [J]. 南通大学学报 (社会科学版), 2016, 32 (3): 9-10.

[336] 杨进. 服务型领导对员工离职意向和创造力的影响研究 [D]. 中国科技大学博士学位论文, 2016.

[337] 杨静, 季晓芬, 柳小芳等. 国外知识共享氛围理论研究述评 [J]. 科学学与科学技术管理, 2008 (4): 112-115.

[338] 杨廷钫, 凌文辁. 服务型领导理论综述 [J]. 科技管理研究, 2008, 28 (3): 204-207.

[339] 杨勇勇. 知识治理机制对知识共享敌意的影响: 感知个体知识所有权与人际信任的中介作用 [D]. 上海师范大学博士学位论文, 2018.

[340] 杨钊, 陈士俊. 知识型团队知识共享影响机制研究——以信任和知识距离对团队知识共享的影响机制为基础 [J]. 西南交通大学学报

(社会科学版),2008,9(6):11-15.

[341] 杨志成. 领导成员交换对反生产行为的影响:以内部人身份认知为中介[D]. 浙江理工大学博士学位论文,2018.

[342] 姚若松,梁乐瑶. 大五人格量表简化版(NEO-FFI)在大学生人群的应用分析[J]. 中国临床心理学杂志,2010,18(4):457-459.

[343] 姚山季,范朱灵. 顾客参与、资源协同和企业创新绩效:基于众包平台的实证研究[J]. 南京工业大学学报(社会科学版),2019,18(1):99-110.

[344] 姚山季,刘德文. 众包模式下顾客参与、顾客互动和新产品价值[J]. 财经论丛,2016(10):85-95.

[345] 姚山季,王永贵. 顾客参与新产品开发及其绩效影响:关系嵌入的中介机制[J]. 管理工程学报,2012,26(4):39-48.

[346] 殷群,李丹. 产业技术创新联盟合作伙伴选择研究[J]. 河海大学学报(哲学社会科学版),2014,16(2):62-66.

[347] 应洪斌,沈瑶. 非正式网络中隐性知识传递的影响机制研究[J]. 科研管理,2009,30(4):130-137.

[348] 于海波,关晓宇,郑晓明. 家长式领导创造绩效,服务型领导带来满意——两种领导行为的整合[J]. 科学学与科学技术管理,2014,35(6):172-180.

[349] 于肖楠,张建新. 自我韧性量表与 Connor-Davidson 韧性量表的应用比较[J]. 心理科学,2007,30(5):1169-1171.

[350] 于晓宇,蔡莉. 失败学习行为、战略决策与创业企业创新绩效[J]. 管理科学学报,2013,16(12):37-56.

[351] 袁晓婷. 企业 R&D 团队内部社会网络与团队知识创造关系研究[D]. 华南理工大学博士学位论文,2010.

[352] 张钢,吕洁. 从个体创造力到团队创造力:知识异质性的影响[J]. 应用心理学,2012,18(4):349-357.

[353] 张钢,吕洁.团队心智模型和交互记忆系统:两种团队知识表征方式[J].自然辩证法通讯,2012,34(1):81-88.

[354] 张钢,熊立.成员异质性与团队绩效:以交互记忆系统为中介变量[J].科研管理,2009(1):71-80.

[355] 张钢,熊立.交互记忆系统研究回顾与展望[J].心理科学进展,2007,15(5):840-845.

[356] 张光磊,程欢,李铭泽.非工作时间电子沟通对员工主动性行为影响研究[J].管理评论,2019,31(3):154-165.

[357] 张国勇,娄成武.基于制度嵌入性的营商环境优化研究——以辽宁省为例[J].东北大学学报(社会科学版),2018,20(3):277-283.

[358] 张虹.企业文化对员工信任度水平的影响研究[D].同济大学博士学位论文,2008.

[359] 张辉,汪涛,刘洪深.新产品开发中的顾客参与研究综述[J].中国科技论坛,2010(11):105-110.

[360] 张季平,骆温平,刘永亮.营商环境对制造业与物流业联动发展影响研究[J].管理学刊,2017(5):25-33.

[361] 张黎莉.员工工作满意度研究综述[J].企业经济,2005(2):29-30.

[362] 张庆红,孙雨晴,李朋波.中国情境下家长式领导风格对团队成员差序氛围感知的影响[J].中国人力资源开发,2018(7):69-80.

[363] 张若勇,刘新梅,张永胜.顾客参与和服务创新关系研究:基于服务过程中知识转移的视角[J].科学学与科学技术管理,2007(10):92-97.

[364] 张生太,王亚洲,张永云等.知识治理对个体知识共享行为影响的跨层次分析[J].科研管理,2015,36(2):133-144.

[365] 张苏.行为福利经济学前沿理论及其未来[J].经济学动态,2014(8):126-136.

[366] 张霞. 沉默——组织发展的无形杀手 [J]. 沿海企业与科技, 2007 (12): 121-123.

[367] 张亚军, 张军伟, 崔利刚等. 组织政治知觉对员工绩效的影响: 自我损耗理论的视角 [J]. 管理评论, 2018 (1): 78-88.

[368] 张志学, Hempel S P, 韩玉兰, 邱静. 高技术工作团队的交互记忆系统及其效果 [J]. 心理学报, 2006, 38 (2): 271-280.

[369] 张宗贺, 刘帮成. 服务型领导、互动公平与员工责任行为创新研究——权力距离的调节作用 [J]. 科技进步与对策, 2018, 35 (20): 150-156.

[370] 赵红丹, 彭正龙. 服务型领导与团队绩效: 基于社会交换视角的解释 [J]. 系统工程理论与实践, 2013, 33 (10): 2524-2532.

[371] 赵庆杰. 组织沉默的研究进展 [J]. 经营管理者, 2013 (23): 116-117.

[372] 赵书松, 张一杰. 绩效考核政治对下级创新行为的影响机制研究 [J]. 管理学报, 2019, 16 (5): 676-685.

[373] 赵秀丽. 国家创新体系视角下的国有企业自主创新研究 [D]. 山东大学博士学位论文, 2013.

[374] 郑鸿, 徐勇. 创业团队信任的维持机制及其对团队绩效的影响研究 [J]. 南开管理评论, 2017, 20 (5): 29-40.

[375] 郑秀杰, 杨淑娥. 中国上市公司声誉对公司财务绩效的影响研究 [J]. 管理评论, 2009, 21 (7): 96-104.

[376] 仲理峰, 孟杰. 高蕾道德领导对员工创新绩效的影响: 社会交换的中介作用和权力距离取向的调节作用[J]. 管理世界, 2019, 35 (5): 149-160.

[377] 周春森, 郝兴昌. 企业员工工作——家庭冲突与生活满意度的关系: 大五人格的中介效应检验 [J]. 心理科学, 2009, 32 (5): 1057-1060.

[378] 周飞, 沙振权. 顾客互动和新产品开发绩效的关系研究 [J]. 中国科技论坛, 2011 (6): 21-26.

[379] 周京, 魏昕, Shalley C E. 组织创造力研究全书 [M]. 北京: 北京大学出版社, 2010.

[380] 周兰, 李思奇. 企业声誉、重大盈余意外与市场反应[J]. 财经问题研究, 2015, 375 (2): 95-101.

[381] 周明建, 阮超. 领导, 首先意味着服务: 服务型领导力回顾与展望 [J]. 社会心理科学, 2010 (6): 8-13.

[382] 周明建, 阮超. 威权型领导力对下属工作绩效的影响: 领导—成员交换的调节作用[J]. 管理学家 (学术版), 2010 (4): 49-58.

[383] 周杨诗琴. 心理契约对企业员工绩效的影响研究——基于人际信任视角 [D]. 西南科技大学博士学位论文, 2017.

[384] 朱甫. 马云管理思想大全集 [M]. 深圳: 海天出版社, 2011.

[385] 朱雪春, 陈万明. 知识治理、失败学习与低成本利用式创新和低成本探索式创新 [J]. 科学学与科学技术管理, 2014 (9): 78-86.

[386] 庄子匀, 陈敬良. 服务型领导对员工创新行为和团队创新能力的影响: 个体与团队的多层次实证研究 [J]. 预测, 2015 (5): 15-21.

[387] 左沛延. 打造最佳营商环境——临沂市优化营商环境情况调研报告 [J]. 领导论坛, 2015 (4): 8-11.